京都でもっとも古い世界遺産の神社

下鴨さんから聞いた 神社・神話の大切なおはなし

監修 新木直安

育鵬社

はじめに

本書は下鴨神社京都学問所の研究員で、鴨社資料館秀穂舎《しゅうすいしゃ》の館長である新木直安さんにうかがった下鴨神社（正式名称は賀茂御祖《かもみおや》神社）のあれこれ、そしてそこから広がる神社・神話のあれこれを記したものです。

今から三年ほど前、新木館長は京都の某私立大学で宗教民俗学の講座をもたれていたことがあり、そのとき「最近の学生の反応はいかがですか？」とお聞きしたところ「専門課程でなく一般教養としての講義なので、積極的に学びたいというよりも、なんとなく選んで履修するという学生が多く、どこに焦点を当てると良いのか難しくて準備がなかなか大変」というお話をうかがいました。もちろん熱心な学生もいて、なかには日本の神様の名前をほとんど暗記している留学生もいるのだけれど、ほとんどの学生がじつは「え、こんなことも知らないの？」ということからが出発点。たとえば入り口として日本の神話からはじめようと考えたものの、オオクニヌシノミコトとかヤマタノオロチとか、昔なら教科書に載っていて誰もが知っていたことをまったく知らない大学生が多い……という話をお聞きしたわけです。

しかしながら、たとえなんとなくであっても、なかには自らの意志で日本の宗教のこと、神社関係のことを学ぼうとする学生がいて、さらには、そのなかの何人かは、新木館長の講義を聞いているうちに、より興味をもって深く学びたいと思うようになっていったということでした。

じつは、本書の企画の出発点は「この『講義』をベースに本をつくれないか」でありました。これまでにも、神社関係の書籍はたくさん出版されています。神社検定もあり、そのためのテキストもあります。しかし、そういったものは、もともと積極的に神社や神道のことを勉強したいという人を対象にしたものです。

ほかにも、たとえばご利益《りやく》ガイド的なものであるとか、スピリチュアル、パワースポットのひとつとして、あるいは桜や紅葉などの観光名所として神社が紹介されるものもあります。そこには簡単に神社の由緒やご利益、お参りの作法などが紹介されているので、それを読むとなんとなくわかったつもりになってしまいます。ただ、これらは神社のひとつの側面を紹介しているだけであり、果たして全体像をとらえているかというと疑問が残ります。

たまたま「単位」を得るために履修をしたのだけれど、次第に次のステップへ行きたくなる「講義」のように、たまたま手にとって読んだらとてもわかりやすくて、おもしろくて、ぐいぐい引き込まれてしまう。そんな神社入門本をつくれないでしょうかと、新木館長に相談させていただいたのが、この本が生まれるきっかけでした。

もちろん神社といってもひとくくりにすることはできません。あくまでも下鴨神社を通して、下鴨神社を一例としてということならばということでご協力いただき、でき上がったのが本書です。

新木館長は、その後大学を離れられたので、大学の講義をベースにするということではなく編集者が個人授業を受けるような形で何回かに分けてお話をうかがいました。よくわかっていないこちらの不躾《ぶしつけ》な質問にもわかりやすく答えていただき、大学の講義というよりも、行きつ戻りつしながら、難しくなりがちなことをかみ砕いて丁寧に説明していただいた積み重ねのようなものといったほうがいいのかもしれません。

それでも下鴨神社のあれこれを読んでいるうちに、そこから大きな広がりを感じてくだされればと願います。あまり堅苦しくない「へぇそうなんだ」というエピソードを読み進めていくなかで、たとえ家に神棚がなくても、また氏子として地域の神社とのつながりをもたなくても、神社を身近に感じるようになる、全国各地の神社にも関心が湧いてくる、四季の移ろいにも目が向くようになる、あるいは日々の暮らしにメリハリがついて心が豊かになる。そんなことへの一助になればありがたく思います。

そしてもちろん、世界遺産の下鴨神社にお参りしたいという方が増えれば、とてもうれしいです。

令和六（二〇二四）年一〇月

第四章　下鴨さんと「神社のあれこれ」　109

第五章　下鴨さんと「神社の一年」　153

装丁&カバーイラスト：平林弘子
構成：蒲田正樹

本書に掲載している画像は監修者、編集者のもののほか、下鴨神社（賀茂御祖神社）のホームページで掲載しているものも一部転用しています。

下鴨神社のホームページはこちらから▼

第一章

神社は古くて新しいもの

平安時代から、昔は「まつり」といえば、下鴨神社と上賀茂神社のお祭り、賀茂祭（葵祭《あおいまつり》）のことを指していました。1000年以上も続くお祭りで、今も5月15日はたくさんの人で賑《にぎ》わいますが、じつはそのお祭りの三日前に下鴨神社では御蔭《みかげ》祭（御生《みあれ》神事）が斎行されます。これは御蔭山にある下鴨神社の摂社・御蔭神社から御祭神の荒魂《あらみたま》を新たに本殿にお迎えし、和魂《にぎみたま》とご一緒することで、新しい力、大きな力を得るものです。このように、神社ではいのちのよみがえり、再生がずっと繰り返されてきたのです。

下鴨神社の起源
カモ氏の氏神を祀《まつ》ったことから

「神社とはなにか?」という問いに対して丁寧に説明しようとすると、宗教とはなにか、神道とはなにかまで深掘りすることになり、話が冒頭から難しくなってしまいますので、ここではやや乱暴ではありますが、「神社とは神様がおわします神聖な場所」とまずはお答えします。

神社には鳥居があってその内側(神域)と外側(人が暮らす俗世間)に分けられつつも、同時に、神社はその地域に暮らす人々と結びついて、さまざまな形をとって長い間続いてきているものでもあります。日本には神社が八万社あるといわれますが、大きい小さい、古い新しいということにかかわらず、それぞれに由緒があり、習俗があるのです。

※1 神社本庁
昭和二一(一九四六)年、

そもそも「神社」と「神宮」「大社」などはそれぞれどう違うのかと問われることもありますが、これについては神社本庁[※1]のホームページで社号解説ということで解説されています。

まず神宮（伊勢神宮）を本宗[※2]として「神宮」の社号[※3]を付されている神社は、天皇や皇室の祖先をお祀りするなど、皇室ととくにゆかりの深い神社。その例としては、天皇をお祀りしている平安神宮や明治神宮、皇室の祖先をお祀りする霧島神宮や鹿児島神宮、皇室と特別なゆかりのある石上《いそのかみ》神宮、鹿島神宮、香取神宮などです。

下鴨神社大鳥居

「神道指令」に伴い、大日本神祇会、皇典講究所、神宮奉斎会の三団体が中心となり設立された宗教法人。祭祀の振興と神社の興隆、日本の伝統と文化を守り伝えることを目的に、全国八万の神社を包括。都道府県ごとに神社庁がある

※2 本宗
分家した家のおおもとの家、総本家を意味する。ご祖先神である天照大御神（あまてらすおおみかみ）をお祀りし、古来、特別な神社として敬われていた神宮を神社本庁は「本宗」と仰いでいる

※3 社号
神社の名称のこと。御祭神や鎮座地、祭祀の由来などでつけられる

これに対して「神社」は、その略称である「社」とともに一般の神社に対する社号として広く用いられます。また「宮」は天皇や皇族をお祀りしている神社や、由緒により古くから呼称として用いられている神社に使われています。

「大社」はもともと、天孫《てんそん》※4に国譲りを行い、功績をあげた大国主命《おおくにぬしのみこと》を祀る出雲《いずも》大社を示す社号として用いられてきました。しかし、現在「大社」は、崇敬《すうけい》を集めるほかの神社でも広く使われています。

このような分類の仕方がある一方で、さらに別のとらえ方をするならば、たとえば奈良の大神《おおみわ》神社※5がミワ氏、春日大社※6が藤原氏、福岡の宗像《むなかた》大社※7が宗像氏というように、氏族・豪族の氏神を祀ったことが起源の神社があります。加えて他方、流行りの神様といいますか、時代時代の要請に応じる形で生まれた神社があり、大きくはこのふたつに

※4　天孫
天照大御神の孫、邇邇芸命（ににぎのみこと）のこと。『記紀（古事記と日本書紀）』の神話で天照大御神の命を受け、高天原（たかまがはら）から日向国の高千穂（たかちほ）へ天下ったことを天孫降臨という

※5　大神神社
古来、本殿は設けずに拝殿の奥にある三ツ鳥居を通し三輪山を拝するという、原初の神祀りのさまを伝える。最古の神社といわれる

※6　春日大社
古来、天皇や上皇の崇敬篤く、また藤原氏の氏神であり関白をはじめとする多くの貴族が参拝し、数多くの品々を奉納。その点数と質の高さから春日大社は「平

分けられるのです。たとえば亡くなった徳川家康を祭神として創建された日光東照宮や乃木希典《のぎまれすけ》将軍の殉死、明治天皇への忠誠心を顕彰するために自宅跡地に創建された乃木神社などは後者に当たります。

京都の神社でいえば、八坂神社（＝「祇園《ぎおん》さん」と親しまれ、全国にある八坂神社の総本社）であったり、伏見稲荷大社（＝全国のお稲荷さんの総本社で商売繁盛で有名）であったり、北野天満宮（＝学問の神様と親しまれる。同様に菅原道真《すがわらのみちざね》の霊を祀ったものは福岡県太宰《だざい》府《ふ》市〔太宰府天満宮〕はじめ全国にあり）、あるいは平安神宮（＝明治二八〔一八九五〕年に遷都一一〇〇年を記念して創建された）などが後者にあたり、松尾大社（秦《はた》氏の氏神）が前者の氏族のための神社。そして下鴨神社、上賀茂神社も前者になります。もともとカモ氏（鴨、賀茂、加茂、加毛などとも記される）の氏神をお祀りしたのが起源だからです。

安の正倉院」とも称される

※7　宗像大社
日本神話に登場する日本最古の神社のひとつ。御祭神は天照大御神の三女神で、沖津宮（おきつみや）、辺津宮（へつみや）、中津宮（なかつみや）にそれぞれが祀られていて、この三宮を総称して、宗像大社という

カモ氏については主水司《もいとりのつかさ》※8として、天皇陛下へ奉る飲料水などの調達を担当していたとか、天皇の御輿《みこし》・乗り物の先導役であったなどともいわれます。今となっては謎の部分も多いのですが、ときの為政者の信頼を得て勢力を伸ばしていき、京都では秦氏とともに大きな勢力となりました。そして、京都だけでなく、全国に荘園※9や御厨《みくりや》※10を広げていき、その土地その土地に神様を分祀して神社もつくられていったようです。現在、鴨、賀茂、加茂と名の付く神社が全国に三〇〇社以上あり（なかには「賀茂社」とつながりがないところもいくつ

世界遺産登録の石碑

※8　主水司
律令制において宮内省に属する機関のひとつ。もんどのつかさとも読む

※9　荘園
大きな寺院や神社、貴族がその財力で新しく開墾した土地のこと

※10　御厨
神饌（しんせん、お祭りなどで神様に献上するお食事）を調進する場所のこと

かはありますが)、賀茂社はその総本社でもあります。

下鴨神社は、上賀茂神社とともに「古都京都の文化財」として平成六(一九九四)年にユネスコ世界遺産に登録された神社で宇治上神社とともに、京都ではいちばん古い神社のひとつです。下鴨、上賀茂ふたつの神社は「賀茂社」として山城国《やましろのくに》※11(今の京都府南部)の「一宮《いちのみや》」※12ともいわれました。

神話から神社の成り立ちを知る

下鴨神社の歴史を語っていく前に、神話のことをおさらいする意味で、まずは伊勢神宮の歴史・由緒を神宮(伊勢神宮)のホームページから引用します。

※11 **山城国**
平城京から見て「奈良山のうしろ」にあたる地域なので「山背」と称されたが、平安遷都以降は山河に取り囲まれ自然に城をなす形勝から「山城国」と呼ばれた

※12 **一宮**
神社の社格を示す格式のひとつ。地域(国)のなかでもっとも格式の高い神社のことを「一宮」と呼んだ

天孫降臨以来、天照大御神は天皇のお側でお祀りされていましたが、第一〇代崇神《すじん》天皇の御代《みよ》、御殿を共にすることに恐れを抱かれた天皇は、大御神を皇居外のふさわしい場所にお祀りされることを決意され、皇女豊鍬入姫命《とよすきいりひめのみこと》は大和の笠縫邑《かさぬいのむら》※13に神籬《ひもろぎ》※14を立てて大御神をお祀りしました。

その後、第一一代垂仁《すいにん》天皇の皇女倭姫命《やまとひめのみこと》は豊鍬入姫命と交代され、新たに永遠に神事を続けることができる場所を求めて、大和国を出発し、伊賀、近江、美濃などの国々を巡り伊勢国に入られました。『日本書紀』によると、そのとき天照大御神は「この神風の伊勢の国は、遠く常世から波が幾重にもよせては帰る国である。都から離れた傍国ではあるが、美しい国である。この国にいようと思う」と言われ、倭姫命は大御神の教えのままに五十鈴《いすず》川の川上に宮をお建

※13 笠縫邑
現在の奈良県桜井市と考えられ、檜原神社や多神社などが比定（推定）される

※14 神籬
神社や神棚以外の場所で祭祀を行う場合、臨時に神を迎えるための依り代となるもの。四方に青竹や榊（さかき）を巡らし、中央に幣（ぬさ）を取り付けた榊を立てたもの

てしました。

　このように天照大御神は永遠の御鎮座地を伊勢に得られたのです。これが二千年前にさかのぼる、皇大神宮御鎮座の歴史です。（引用文にはルビ・註を適宜入れています。以下同）

　少し荒っぽい解説になりますが、『日本書紀』によると、日本という国は伊邪那岐命《いざなぎのみこと》が高天原の神々に命じられて伊邪那美命《いざなみのみこと》と結婚し、日本国土を形づくる多数の子をもうけたことがはじまりです。淡路島をはじめ大八洲《おおやしま》（本州・四国・九州など）の島々、石、木、海（大綿津見神《おおわたつみのかみ》）、水、風、山（大山津見神《おおやまつみのかみ》）、野、火など森羅万象の神が含まれます。

　伊邪那美命は火の神・火之夜藝速男神《ひのやぎはやおのかみ》（カグツチ）を産んだために亡くなり、黄泉《よみ》の国[※15]へ下ります。伊邪那岐命は黄泉の国へ妻を探しに

※15　黄泉の国
「死者の国」のこと。もともとは山岳的他界を意味するが、墳墓を山岳におくことが多かったので、この意となった

行くのですが、あまりにも変わり果てた妻の姿に驚き、逃げ帰ってきます。そして黄泉の国から生還した伊邪那岐命が水辺で黄泉の穢《けが》れを洗い流した際、左目を洗ったときに生まれたのが、天照大御神です。

天岩戸《あまのいわと》※16の神隠れでも有名な神様ですが、太陽神の性格と巫女《みこ》の性格を併せもつ存在です。高天原を統べる神様で、皇祖神。一八ページで記したようにその天照大御神をお祀りするところを倭姫命は探し、辿り着いたところが、伊勢神宮ということなのです。

下鴨神社についても、神話と結び付けて創建を語ることができます。

じつは、下鴨神社がいつ創建されたかというとこれは諸説あり、何年に建てられたと特定することはできません。しかし社伝によると、神武《じんむ》天皇の御代《みよ》に御蔭山《みかげやま》に祭神が降臨したといい、崇神天皇七（紀元前七〇）年には、神社の瑞垣《みずがき》※17の修造という記録が残っています。それ

※16　天岩戸
太陽神である天照大御神が隠れ、世界が暗闇に包まれた岩戸隠れ伝説の舞台。弟のスサノオのひどい行状に怒った天照大御神が天岩戸に引きこもったため、高天原も葦原中国（あしはらのなかつくに）も闇となった

※17　瑞垣
神社などの周囲に設けた垣根のこと。神霊が宿ると考えられた山や森などの周囲に巡らした垣のこともいう

を基本にすれば二〇〇〇年以上の歴史があることになります。

『日本書紀』や『古事記』には直接的に、下鴨神社のことに触れた記述はありませんが、天照大御神の孫である神倭石余比古《かむやまといわれひこ》（神武天皇）が今の宮崎県に位置する高千穂《たかちほ》から東征していくときに、八咫烏《やたがらす》※18がその道先案内を務めたと記されています。この八咫烏、じつは賀茂建角身命《かもたけつぬみのみこと》が化身したもの、この賀茂建角身命こそが下鴨神社の御祭神なのです。

可茂の社。可茂と稱ふは、日向の曾の峯に天降りまし神、

神武天皇を先導する八咫烏に化身した賀茂建角身命

※18 八咫烏
日本神話に登場するカラス（烏）で、導きの神様。神武東征の際、熊野国から大和国への道案内をしたとされる。一般的に三本足の姿で知られる

賀茂建角身命、神倭石余比古の御前に立ちまして、山代河の随《まにま》に下りまして、葛野河と賀茂河との合ふ所に至りまし、賀茂川を見迥《みはる》かして、のりたまひしく、「狭小くあれども、石川の清川なり」とのりたまひき。仍りて、名づけて石川の瀬見の小川と曰ふ。彼の川より上りまして、久我の國の北の山基《やまもと》に定《しづ》まりましき。爾《そ》の時より、名づけて賀茂と曰ふ。賀茂建角身命、丹波の國の神野の神伊可古夜日女にみ娶《あ》ひて生みませるみ子、名を玉依日子と曰ひ、次を玉依日賣と曰ふ。

（『山背（城）国風土記』逸文　下鴨神社ホームページから転載）

神武天皇が大和（奈良）を平定し、橿原宮《かしはらのみや》で初代天皇に即位、無事に世を治められたのを確認して、賀茂建角身命は奈良を離れ木津川を上っていき、現在の桂川と鴨川の合流点に来たときに鴨川のほうを見渡して「狭いけれど清い川」だと言って、賀茂川を上っていき現在の地に落ちつかれた。そして、丹波の国の神伊可古夜日女と結ばれて、玉依彦命と玉依媛命がお生まれになったわけです。

そしてこの玉依媛命が賀茂川で禊《みそぎ》（身を清める儀式）をしているときに、流れてきた丹《に》塗《ぬ》り※19の矢を拾い持ち帰り床においていたところ、ご懐妊。男子（賀《か》茂《も》別《わけ》雷《いかづち》命《のみこと》）をお産みになられた。この賀茂別雷命

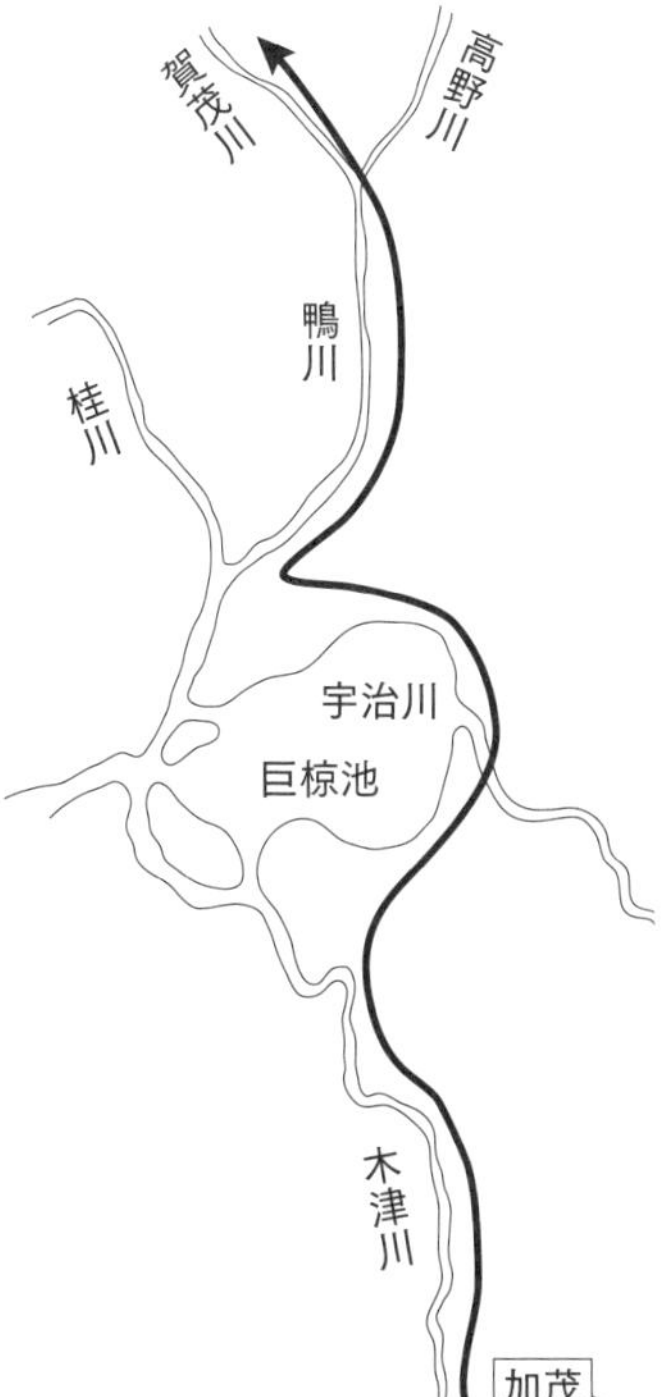

賀茂建角身命、カモ氏の移動想像図
（『親と子の下鴨風土記』より加工して引用）

※19 丹塗り
丹は「たん」「に」と読み、鳥居などの赤い色、朱色に塗ったもの。赤く塗ることは魔除けや神性を表すと同時に、朱や丹の顔料には金属が含まれているので、腐食、虫害予防にもなっている

が上賀茂神社の御祭神として祀られています。

前述したように、下鴨神社の御祭神は賀茂建角身命ですが、もう一柱の御祭神がこの賀茂建角身命の娘である玉依媛命です。そして、（上賀茂神社の）神様の祖（親）である玉依媛命が祀られているので、下鴨神社の正式名は賀茂御祖神社なのです。

東殿に古代の京都を拓かれた神様で、八咫烏に化身し神武天皇を勝利に導き、日本の建国に力を尽くした神様の賀茂建角身命をお祀りし、西殿に妊娠・出産・子育てなど、女性守護の神様として玉依媛命をお祀りしているのが、下鴨神社です。


カモ氏は国家が形づくられる大和の葛城《かつらぎ》地方で大きな力をもっていました。その後、加茂（現、木津川市加茂町）に移り、さらに鴨川に沿って下鴨にやってきたという説もあります。カモ氏はなぜ最初の地を離れたのか。弥生時代の末期に鉄を田んぼに刺して雷を落とし土壌を電気分解して収穫量を上げることをしていたのですが、このような高い技術をもっていても武器をつくろうとはしなかった。このことから戦《いくさ》から逃れて大和から移住したのではという説もあります。カモ氏が移住した先は実り豊かで、カモ氏は移動手段の馬の扱いにも長けていた。平和を愛し、高い技能をもったカモ氏は行く先々で人々に受け入れられ、各地に一族の社、鴨社を建てることができたのです。

王朝文学にも下鴨神社は度々登場

平安時代に書かれた『源氏物語』須磨《すま》の巻には光源氏が都落ちして須磨へと赴く前、下鴨神社の糺《ただす》の森の神々に向かって

憂き世をば今ぞ離《わか》るる留《とど》まらむ　名をば糺の神にまかせて

と、無実の罪を着せられた悔しさ、人の心の変わりゆくさまを嘆いて、下鴨神社の神々に正邪を糺してもらう祈願をたてている描写がありま す。

また同じ『源氏物語』の葵の巻では賀茂社のお祭り、賀茂祭見物での車争いも有名です（光源氏の愛人・六条御息所《ろくじょうのみやすんどころ》の牛車《ぎっしゃ》が光源氏の正妻・葵の上の車と鉢合わせ。結局、自分の牛車が隅に追いやられた六条御息所がそれを屈辱と感じ、その怨念が六条御息所の生霊となり葵の上を呪い殺すことになります）。

あるいは清少納言も『枕草子』の五段で、賀茂の祭りが近づいて、その準備のために忙しそうに走りまわっている人々の様子を書いています。

祭り近くなりて青朽葉・二藍の物どもおし巻きて、紙などにけしきばかりおし包みて、行きちがひもてありくこそをかしけれ（賀茂の祭りが近づくと、使いの人が青朽葉色や藍紅色の反物を巻いて、紙など少しばかり包んで、あっちこっちへと行き違い、持ちまわって歩く姿がおもしろいものです）。

兼好法師の『徒然草』にも、祭り見学に来た人が大騒ぎをしている様子がおもしろおかしく描かれていました。

平安の時代から、「まつり」といえば賀茂社の賀茂祭のことを指していましたが、そもそも、この賀茂祭（通称、葵祭）の起源は飛鳥時代、欽明《きんめい》天皇の御代（五四五年ごろ）にまでさかのぼれます。

嵐が度々起こり天候不順が続き作物もうまく育たず飢饉《ききん》となったおり、欽明天皇は「どうしてこのような災いがしばしば起こるのかを占ってみよ」と卜部伊吉若日子《うらべのいきわかひこ》に命じたところ、「賀茂の神様を大切にしないから神様が怒っている。賀茂大神の祟《たた》りだ」と答えます。そこで神勅に従い五月の良い日を選んで、馬に鈴をかけ馬を走らせて賑やかに祭りをしたところ、それからは嵐が来なくなり、穀物が豊かになった旨が『山背（城）国風土記』逸文には記されています。

京都に都が遷《うつ》ってくるのは七九四年ですが、それ以前からわざわざ奈良から京都まで足を運んだ皇族、貴族も少なくなかったようです。

わからないことがある
それも神社の魅力です

このように、賀茂社は古くから存在した神社ではありますが、もともとは上賀茂神社だけで、あとから下鴨神社が生まれたという説を唱える方もいます。平成三（一九九一）年に発行された『親と子の下鴨風土記』という冊子には——

現在、下鴨神社のあるエリアは、もともとは今の島根県「出雲国」から出てきた人が住んでいた。そして六四五年「乙巳《いっし》の変」※20で、山背《やましろ》の国愛宕郡《おだぎぐん》出雲里（のちに出雲郷）という地名になった。出雲井於《いずもいのへの》神社があり、出雲里に住む人の氏神を祀っていた。しかし、平城京造営のために村人が工事に借り出されたり、飢饉があったり、厳しい税の取

※20　乙巳の変
中大兄皇子、中臣鎌足らが蘇我入鹿を滅ぼし政治体制を刷新し、「大化の改新」と呼ばれる政治改革を行った

り立てなど複数のことが重なり出雲里に住む人が少なくなり、そこへ上賀茂からカモ氏が移り住んできた、そして出雲里の人が祀っていた出雲井於神社のそばに賀茂下神社（下鴨神社）がつくられた。そして神社を建てるために宮大工や職人たちが家族とともに奈良から京都へ移ってきたと伝えられている……

このような内容が記されていますが、これもひとつの説です。

もともとは小さな神社だったものが、徐々に巨大化していったとも考えられますし、逆に大きな「賀茂社」がほかにもいくつかあって、それがやがて今のような形として、下鴨、上賀茂のふたつが残ったとも考えられなくはありません。また学者でも歴史学者と宗教学者では立ち位置が違うのですから見えている景色も違うわけで、研究が進めば、さらに新しい学説が生まれてくるかもしれませんし、より定かになるものも出てくるでしょう。

近年、下鴨神社の境内《けいだい》にある糺の森の発掘調査を行ったところ、弥生時代の祭器などが出土されています。ですから少なくとも古代から、今あるこの地で、神事が行われていたということは確かなようです。

下鴨神社の幣殿の前には「言社《ことしゃ》」があります。

ここは大国主命が御祭神です。大国主命はその働きごとに七つの名前をおもちになり、それにちなんだ七つの社があるのです。そしてそれが十二支それぞれの守護神になっています。

大国魂神《おおくにたまのかみ》、巳、未年生まれの守護神
顕国魂神《うつしくにたまのかみ》、午年生まれの守護神
大国主神《おおくにぬしのかみ》、子年生まれの守護神

言社

大物主神《おおものぬしのかみ》、丑、亥年生まれの守護神
志国男神《しこおのかみ》、卯、酉年生まれの守護神
大己貴神《おおなむちのかみ》、寅、戌年生まれの守護神
八千矛神《やちほのかみ》、辰、申年生まれの守護神

初詣などの参拝者はまずは本殿にお参りしたあと、それぞれ自分が生まれた年の干支《えと》の神様にお参りするのです。こういった干支の神様が形になっているのは全国でも珍しいのですが、この「言社」がいつごろ、なぜ建立されたのかが、じつはあまりよくわかっていません。

京都は応仁《おうにん》文明の乱などで多くの資料が消失していきます。残った断片をつなぎあわせるなかで、想像を広げていき、いいイメージ、自分にとってプラスのものを感じ取っていく。それができるのも神社の魅力・ふしぎともいえるでしょうか？

そしてまたふしぎといえば、下鴨神社楼門手前にある末社《まっしゃ》※21・相生社《あいおいのやしろ》には産霊神《むすひのかみ》が祀られていますが、そのすぐそばに二本の木が途中から一本に結ばれている「連理《れんり》の賢《さか》木《き》」があります。二本の木がふしぎにも一本に結ばれ、その根元に、子供の木が芽ばえているので、縁結びのお社のご神徳の顕《あらわ》れとされています。現

連理の賢木

※21　末社

神社の境内にある本殿以外の小さな社、それらは「摂社」「末社（まっしゃ）」と呼ばれる。戦前の旧官国幣社（かんこくへいしゃ）という位の高い神社では、摂社と末社を区分する基準が設けられていた。摂社は本殿御祭神の荒魂（あらみたま）や后神（きさきがみ）・御子神（みこがみ）を祀った社のほか、御祭神と関係のある神や地主神（じぬしがみ）など、特別な由緒がある社であり、こうした基準に当てはまらないのが末社

在のご神木は四代目ですが、樹勢が弱まると必ず代をつぐ新しい連理の賢木が境内「糺の森」に生まれるため、京の七ふしぎ、あるいは下鴨の七ふしぎのひとつともいわれているのです。神社ではこういったふしぎ、人智を超えたものに出合えます。

三二ページ写真下は「言社」のひとつ。子年生まれの方がお参りする一言社。前ページ写真は下鴨神社末社・相生社の「連理の賢木」。相生社は、縁結びの御霊験あらたかな社。御祭神は「産霊神《むすひのかみ》」であり、『古事記』上巻には、造化三神《ぞうかさんしん》の一柱の神とあります。産霊神は宇宙の生成力を神格化したものとされ、産《ムス》は「苔むす」のムスと同じく生成の義であり、霊《ヒ》は日・火と共通の意味をもち、霊妙な物を表わす語と考えられています。

カモ氏のための神社から国家が大切にする神社に

カモ氏のための神社であり、農耕で暮らしを進めていくうえで、季節による節目節目の祭事などが主だった賀茂社ですが、それがカモ氏のためだけでなく、国を護《まも》るための神社としての役割も担うようになります。平安遷都以降は王城《おうじょう》守護の神社として、朝廷から篤い信仰を集めるようになるのです。

先に、下鴨神社は山城国の「一宮」と述べましたが、じつは「官幣大社[※22]」でもあり「二十二社[※23]」でもあり、「別表神社[※24]」のひとつでもあるわけです。

本書は神社検定のための参考書ではありませんので、これら一つひとつを詳しく個別には解説しませんが、下鴨・上賀茂の賀茂社のほか

※22　官幣大社
日本において官（朝廷、国）から幣帛（へいはく、神に奉献する、神饌以外のもの）ないし幣帛料を支弁される神社。平安時代の官幣大社と、明治四（一八七一）年～昭和二一（一九六四）年までの官幣大社がある

にない特徴を挙げるならば「斎王《さいおう》制度」です。神宮（伊勢神宮）を除けば、全国でもここだけです。

簡単に説明すると、平城京・奈良から長岡京を経て、都が京都（平安京）へ遷り、下鴨・上賀茂の賀茂社は国家の神社となって御所とのつながりがさらに強まります。

嵯峨《さが》天皇の御代に都を奈良に戻したいという動きがあり政治が不安定になります。京都と奈良との二所朝廷ということになり、嵯峨天皇の兄で、前の天皇だった平城《へいぜい》上皇と平城上皇の寵愛を独占していた、藤原薬子《ふじわらのくすこ》による「薬子の変」が起こるわけです。

これを鎮圧するために嵯峨天皇が賀茂社に戦勝祈願の使者を送り遣わされたといわれます。そのとき、この戦に無事勝利することができれば、神宮のように皇女のひとりを賀茂社へ「斎王」として仕えさせることにするという誓いをたてられ、やがて戦いに勝利されました。

※23 **二十二社**
神社の社格のひとつ。国家の重大事、天変地異のときなどに朝廷から特別の奉幣を受けた

※24 **別表神社**
神社本庁が定めた同本庁が包括している一部の神社のこと。神社すべては対等の立場であるが、旧官国幣社や一部の規模の大きな神社については、神職の進退等に関して一般神社と同じ扱いをすると不都合があることから設けられた制度

そして誓いどおりにご自身の八番目の皇女、有智子《うちこ》内親王を斎王として遣わされます。この斎王制度は弘仁《こうじん》元（八一〇）年から三五代、四〇〇年以上も続きます（「斎王」については第三章「下鴨神社さんと女性活躍」参照）。

式年遷宮《しきねんせんぐう》で新しい力を得続ける

下鴨神社には「斎王（斎宮）」だけでなく「式年遷宮」ということでも神宮と共通点があります。

「式年遷宮」をざっくばらんに解説すると、遷宮[※25]は「神様のお住まいを新しく遷すということ」、式年というのは「決まった年ごとに」ということで、伊勢神宮では二〇年ごとに、下鴨・上賀茂の賀茂社では

※25　遷宮
神社の本殿を改造し、また新築する際、本殿から仮殿へ、ついで仮殿から本殿へ神儀（御体）を遷し奉ること。神社として最大の大儀とせられる（國學院大學日本文化研究所『神道要語集』）

二一年ごとに遷宮を行っています。

ただ、伊勢神宮が社殿などを新たに建て直してそこへ神様が遷られるおりに古い社殿が取り壊されるのに対し、下鴨神社の場合は仮殿を造りそこに一度神様に遷っていただき、その間に本殿を補修、改修をする。それから、補修を終えて新しくなった本殿に戻っていただくという形をとっています。もともと下鴨神社でもかつては新しく本殿を造っていたのですが、明治政府の古社寺保存法[※26]により、本殿をはじめほとんどの社殿が保存の対象となり、また戦後の文化財保護法の国宝・重要文化財に指定されているため、現在は社殿の大修理や御神宝などの新調や補修となっています。

この「式年遷宮」については、平安時代、長元九（一〇三六）年に二〇年ごとの式年造営の儀の勅を賜ったと伝えられ、その後、文久三（一八六三）年に孝明天皇により二一年ごととなりました。ただ戦乱

※26 古社寺保存法
明治八（一八七五）年に教部省の「官幣大社賀茂御祖神社外十二社建造古制永存ノ儀」があり、その後、明治三〇（一八九七）年に古社寺保存法が制定。同法で社寺の建造物や宝物類のなかから歴史の象徴または美術の模範となるものを「特別保護建造物」または「国宝」として指定された

や飢饉・災害によって二一年ごとではなく、三〇年、五〇年に及ぶこともありました。いつからはじまったのかとか、争乱などの影響で滞った時期があるとか、どのような神事が行われるのかなど、式年遷宮だけで本が数冊もできてしまうほど語れることは多いのですが……。

　わかりやすく、かつ、少し俗っぽい言い方をすれば、式年遷宮は、神様にいつまでも清く、力強く、美しく居続けていただく、リフレッシュのための祭事ということになります。

　式年遷宮で行われる具体的なことのひとつが檜皮葺《ひわだぶき》の屋根葺《ふ》き替え。七〇棟に及ぶ屋根の葺き替えの檜皮は膨大な量になり、この檜皮の寿命が三〇～四〇年ですから、未来永劫にわたって葺き替えが必要なわけで、古くなる前にということで二一年ごとの節目となるのでしょう。ほかにも社殿の飾り金具、漆《うるし》の傷んだ部分、剝げた彩色部分の修理、たとえば神様を守護する狛犬の修理なども行われます。このほか神様の御生活品や衣装・装束（これらを御神服・御神宝と称します）も修理、もしくは一部が新調されます。

また現存する社殿の修復ということだけではなく、かつてあったものを復興するということも式年遷宮のひとつです。前回、第三四回遷宮事業では歴代の斎王の御霊を祀る「賀茂斎院歴代斎王神霊社」（一〇二ページ参照）と、平安時代に祈禱殿として使用された鴨社禮殿を再興し、新しい御祈禱所を設けました。

近年、御祈禱は国宝の御本宮にて行っていたのですが、本来御本宮は賀茂祭をはじめとする公の祭儀を奉仕する特別な区域であり、祭儀厳修の神域空間として大切に維持するべき国の宝です。一般の方々向けの祈禱所を再興することで、国宝の御本宮の傷みを減らし維持管理をしやすくすると同時に、御祈禱をお受けになる方々にも便利になるようにしました。

なお、二〇年、二一年ごとに遷宮と聞くと、その年に完結させるものと思われがちですが、そうではありません。たとえば下鴨神社の場合、第三四回遷宮では本宮の遷宮は平成二七（二〇一五）年「正遷宮」を迎えましたが、令和六（二〇二四）年の「鴨社禮殿再興」までを三四回の式年遷宮事業として行いました。

そして次の三五回の「正遷宮」は令和一八（二〇三六）年を予定。遷宮制度が崇神天皇七（紀元前九〇）年、にはじめられて二一二六年目。通算六〇回目。さらに、平安時代、後一条《ごいちじょう》天皇から長元九（一〇三六）年四月一三日に式年制度の宣旨[※27]を賜ってちょうど一〇〇〇年目の年となります。この第三五回の遷宮の準備も正遷宮の一二年前の令和六（二〇二四）年に「進発の儀」が行われ、すでに準備がはじまっています。

※27　宣旨
天皇の命を伝える文書

新しい御祈禱所

仏教由来の言葉に「薫習《くんじゅう》」というものがあります。お寺で焚《た》いたお線香の香りが染みついていて、今、焚いていなくてもなんとなく香りが感じられるように、良いことを積み上げていくことが大切だというような意味です。お寺がお釈迦様に近づく場、仏様になるために修行をする場、学びの場、悟りを開く場であることから生まれた言葉です。

しかし、お寺とは違い、神社は神様がそこにおられる場所であり、その霊力は日々更新されているものです。常若《とこわか》という言葉もあり、社殿や神宝を新調することで、常に新しく清浄さが保たれるのです。

大切な御生《みあれ》神事

五月一五日に開催される賀茂祭（葵祭）が、天皇の勅使が遣わされる官のためのお祭りであるのに対して、その三日前の五月一二日に、下鴨神社ではもともとのカモ氏、氏神のための祭りとして「御生神事（御蔭祭[※28]）」が行われます。

二七ページで紹介したように、賀茂祭（葵祭）の起源は飛鳥時代、

※28　**御蔭**
御蔭には神々や貴人がおられる宮殿や御殿などの意味がある

欽明天皇の御代に五穀豊穣《ごこくほうじょう》を祈願したことではありますがこの賀茂祭につながっている、根本にあるのが「御生神事」です。

比叡山のふもとにある御蔭山にある下鴨神社の摂社、御蔭神社を中心に行われるもので「御蔭祭」とも呼ばれるものです。下鴨神社の御祭神の荒魂《あらみたま》を迎えるための神事で、祭典のあとは神馬に神霊を移し、神職以下多くの供奉の人が、神馬とともに下鴨神社まで巡行します。下鴨神社では本殿に入る前に、神霊を背にのせた神馬の前で「東游《あずまあそび》」の優雅な舞が奉納されます。御蔭祭は、我が国

御蔭祭の行粧（行列）。この行粧も一般的な神幸祭の行列の起源といわれる

最古の神幸祭の姿を継承していると伝わっています。

「御生」は「御荒」「御顕」「御形」などとも書き表されることもありますが、あらゆる生命の根元、「生」を生み出す力でもあるわけです。

神宮や賀茂社以外でも、式年遷宮が行われているところはあり、またさまざまな神社にさまざまなお祭りがあります。神社本庁に加わっている神社は国内に大小、八万社ほどあります。その一つひとつにそれぞれの歴史や習俗、お祭りなどがあり、それを十把ひとからげで語ることはできませんが、最大公約数としていえることは、神社での神事のなかに「新しいいのちを得る」（生命の循環がある）ということでしょう。

新年の初詣やお祭りなどでいただいたお神札《ふだ》や破魔矢、おまもりなどを新しいものに取り替えたりするのも、その顕れです。

官の神社から
庶民もお参りできる神社へ

繰り返しになりますが、下鴨神社はもともとはカモ氏の氏神を祀る神社でしたが、官との関わりのなかでいわゆる社格も上がっていきました。そして長い歴史のうえに風格なども培われていきます。

その一方で少し時代が下れば「下鴨さん」と庶民から慕われ、今の時代は誰もがお参りできるようにもなっていきます。

平安時代は「官」の神社でもあり一般の人が気軽にお参りする神社ではありませんでしたが、江戸時代には下鴨神社の鎮守《ちんじゅ》の森、糺の森が納涼の場として広く知られるようになり、土用の丑《うし》の日に行われる足つけ神事（下鴨神社の境内にある末社・井上社〔御手洗社《みたらし》〕の御手洗池から湧き出る水に足をつけると、無病息災が叶うといわれる）などに訪れる多くの人で賑わうようになりました。森のなかを流れる泉川や御手洗池は、ふしぎなことに真夏でも手足を長くつけていられないほど冷たく、この足つけ神事（みたらし祭）は今に至るまで続いていて、多くの参拝の方が来られます。

ちなみに、今でもおやつなどで食べられる「みたらし団子」は、この御手洗池から水がふつふつと湧き出てくる様子をかたどったものといわれています（一七九ページ参照）。

その一方で、御蔭祭、葵祭の期間には、下鴨村には厳しい決まりごともあったようで、前出の『親と子の下鴨風土記』のなかでは、その「祭りのきまり」を次のように紹介しています。

・御蔭祭りの当日は、農事をしてはいけない。
・葵祭り当日、勅使《ちょくし》（天皇の特使）の通る道は見苦しくないようにきれいにすること。
・念仏《ねんぶつ》を唱《とな》えてはいけない。
・野辺《のべ》の送り（葬式《そうしき》）は夜にこっそりすること（鎌倉時代の終わりごろから、「死にかかわること」を「けがれる」といってきらうようになりました。下鴨神社の中の神宮寺〔＝明治の「神仏分離令（神仏判然令）」で廃寺になった〕では戸を閉《し》めて静かにしていました）。
・よそから入ってきたお坊《ぼう》さんや尼《あま》さんを見つけしだいその衣《ころも》をぬがせて、頭巾《ずきん》を着せること（それだけ神事と仏事とのメリハリをつけていたということ）。
・祭りの役に出る人夫《にんぶ》は、祭りの三日前から精進《しょうじん》する（身を清めること。

・祭りに出る子どもは坊主刈《ぼうずが》りにしないで髪《かみ》をのばすこと。
・けんかをしてはいけない。
・寄付《きふ》集めをしてはいけない。

誰もがお参りできるように門戸を開け賑わいながらも、氏神を祀る神社として、国を守る役割をもった神社として、大事にしないといけないことは、メリハリをもってしっかり守り続けていたということでしょう。

神社はパワースポットというよりも、畏れ多いところ

近ごろはスマートフォンなどで簡単に検索ができ、下鴨神社も星つ

きで紹介されていたりします。もちろん、国内外から多くの観光客にお越しいただくのはありがたく、神社や日本の伝統文化理解へのきっかけになればと願うものです。ただ、便利なツールであるがゆえに、そこがどんなところなのか、どんな施設なのかを理解せず、ただ、今いるところのすぐそばだから、星がたくさんついているところだから訪れるというだけでは、やはり少し残念です。

またパワースポットであるとか、癒しを得られる場という紹介をされることもあります。すでにご紹介しているように神社は新しい力を得る、常に再生、更生される場所ですから、力強い場所であることは間違いありませんが、その力が誰のため、なんのためにあるのかということも大事でしょう。

神社にはもちろん、恋愛成就、商売繁盛、家内安全、無病息災、学業発展など、いわゆるご利益《りやく》を祈願するという側面がありますが、それは神社には神様がいらして、その力が古代からずっとつながってい る、しかも常に新しく再生されていることの上にあるものです。

自分がパワーをもらって元気になるということばかりに心を奪われていてはもったいないです。ときには、祭りなども単に人々が楽しむためにあるものではなく、神様がお喜びになるという視点に立ってみることも大切でしょう。

日本人として初のノーベル賞を受賞した湯川秀樹博士は下鴨神社のお近くにお住まいで、下鴨神社の糺の森を思索しながら散策されていましたし、同じくノーベル賞を受賞した山中伸弥京都大学教授はコースのひとつとして糺の森をランニングされることがあるとお聞きしています。

糺の森は、今は治安面からも常夜灯などがついていますが、昭和のなかごろまでは鬱蒼とした森で、夜は真っ暗でした。作家の北方謙三さんがなにかのエッセイで、「花街でお酒を飲んでいて『京都市内でいちばん畏れ多い、怖いところはどこか?』という話題になったおり『下鴨神社の糺の森だ』ということになり、それからタクシーを飛ばして出かけて、真夜中の森を歩いてみたそうですが、次第に小走りになり、最後は走って森を抜け出した」という趣旨のことを書かれていました。

また関西画壇の大御所であった鹿子木《かのこぎ》孟郎《たけしろう》画伯も下鴨神社のおそばにお住まいで、鹿子木下鴨アカデミーを主宰し、やはり、糺の森などをスケッチしに訪れられていました。神社へのアプローチは人それぞれですが、そこには崇敬の思いがあり、神への畏れがあるのです。

下鴨神社の顧問をしていた方が『そうだ神さまに訊こう!――京都

の神社仏閣に学ぶビジネスの極意』という書籍を出されています。

京都は老舗《しにせ》が多いけれど、ただ暖簾《のれん》に胡坐《あぐら》をかいているだけではいずれ淘汰されてしまう。老舗が長く生き残っているのは、守るべき伝統はしっかり守りつつも、変化を恐れず新しいことへもしっかり対応できているからだという経営コンサルタントとしての視点を、京都の神社仏閣にも当てはめて紹介するものです。その本によれば、京都の神社が数百年、いや一〇〇〇年を超えた今もあり続けているのも基本は同じ、常に新しい力を得ているからだということでした。

もちろん、神社は祭りごとをしているだけでは成り立ちません。建物の管理、人の管理、お金の管理なども同時にしっかりし、御生といういのちの再生、新しさという側面だけでなく、新しい時代に対応していくという現世的な部分での新しさへのフォローも大事でしょう。

次章以降では、「神事」とは少し違う側面からも下鴨神社についてアプローチしていきます。

コラム1 下鴨さんとアート

令和六（二〇二四）年八月に京都市京セラ美術館で有道佐一《ありみちさいち》という画家の回顧展が開催されていました。有道佐一といっても今はほとんど知られていない画家ですが、昭和一〇（一九三五）年パリ留学中に、たまたま現代アートの巨匠ジャコメッティと出会い、その作品が一瞬にしてジャコメッティを虜にしてしまった。そして当時、ピカソやマティスが会員だったサロン・ド・チュイルリーに招待された画家です。ただ、こうした評価をもとに画壇での地位を築いていくという生き方が多いなかで、有道佐一はパリから帰国後は画壇と距離をとり、お金も名声も求めることなく、ひたすら自分の好きな絵を究めようとした人です。

その有道佐一が下鴨神社と少なからず接点があることがわかりました。有道佐一がパリ留学前まで師事していたのが、関西画壇の雄、関西美術院院長だった鹿子木孟郎でした。鹿子木画伯は下鴨神社近くに住み、「下鴨鹿子木アカデミー」という絵画塾を開いて、「糺森」という会報なども発行していました。有道佐一もこのアカデミーの教授だったので、おのずと下鴨神社、糺の森の自然や御生にも触れ、刺激を受けていたことは想像にかたくありません。

下鴨神社と関わりのある方が再発見、再評価されていくことはうれしいことですが、じつは下鴨神社と絵画・芸術との関わりは古くからあります。尾形光琳の国宝『紅白梅図屏風』は、下鴨神社の梅を題材にしたものですし横山大観は『糺の森　秋雨』を描いています。そのほか、猪飼嘯谷（下鴨村居住）、池田遙頓（下鴨村居住）、風景を描いた人物には冨田渓仙、原在泉、今尾景年、堂本印象など、下鴨神社と関わりのある画家の名をあげれば枚挙にいとまがありません。

　そして、また下鴨神社では「アート御朱印」を企画しています。世界的墨絵アーティストの茂本ヒデキチ氏による下鴨神社を表現したオリジナル墨絵原画を採用した、三種のアート御朱印の授与（令和六〔二〇二四〕年元旦から期間限定）をしたり、また同年の葵祭に合わせた文化事業として、漫画家池田理代子氏に協力を仰ぎ、摂社、河合神社のご祭神「玉依姫」をモチーフにした漫画御朱印を授与したりしています。

　下鴨神社と絵画、芸術との関わりについてお話しすると、それだけで大きな特集ができるほどです。アーティストの卵の方は下鴨神社をお参りすれば、新しいひらめきが生まれるかもしれませんね。

池田理代子さんの絵が入った下鴨神社、摂社河合神社の御朱印

第二章

下鴨さんと学び（学問）

キリスト教系や仏教系の学校と比べると神道《しんとう》系の学校は少ないです。

格言とか戒めといったものも、キリスト教や仏教由来のものに比べて、神道、神社発というのものは多くないように思います。しかしそれはキリストやお釈迦様という教祖の啓示や体験にもとづく教訓、倫理という形で語られないからであり、じつは、神社からも得られるもの、学べるものは多いのです。

神道とは日本人の暮らしのなかから生まれた自然宗教

『日本の民俗宗教』（講談社学術文庫）という書籍の「はじめに」のなかで著者の宮家準《みやけひとし》先生※1は、

一般に宗教といった場合には、キリスト教、仏教、イスラム教などのように、傑出した教祖が宗教体験にもとづいて創唱《そうしょう》し、世界各地に信者を擁するにいたった創唱宗教が想起される。これらの宗教では、教祖の啓示や体験にもとづく教訓・倫理が中心をなしている。けれども人類はその当初から、誕生や死に対処し、それを説明したり、病気・災害を克服し、豊穣を求める宗教を生み出していた。

こうした生活慣習ともいえる宗教は、家族や地域社会の共同生活

※1　宮家準
昭和八（一九三三）年、東京生まれ。東京大学大学院人文科学研究科博士課程修了。文学博士。慶應義塾大学教授を経て、現在、同大学名誉教授、日本山岳修験学会名誉会長、日本印度学仏教学会名誉会員、修験道管長

のなかから自然にはぐくまれたことから一般には自然宗教とよばれている。

と著しています。そして創唱宗教が世界的な宗教として広がっていく過程で、各地の自然宗教と融合、調和、習合していったとも書かれています。

日本の神道も自然宗教です。

神社本庁のホームページでは神道のことを「日本人の暮らしの中から生まれた神々への信仰」とし、神社を中心とした日本の神々への信仰が神道であると紹介しています。さらに神道の起源については次のように掲載されています。

自然の力は人間に恵みを与える一方、猛威もふるいます。人々は、そんな自然現象に神々の働きを感知しました。また、自然の中で連綿と続く生命の尊さを実感し、あらゆるものを生みなす生命力も神々の働きとして捉えたのです。そして、清浄ななかにも威容を誇る山や岩、木や滝などの自然物にも神さまが宿るとして、お祭りをするようになりました。

やがて、祭りの場所には建物が建てられ、神社が誕生したのです。

このように、日本列島の各地で発生した神々への信仰は、大和朝廷による国土統一にともない、形を整えてゆきました。

そして、6世紀に仏教が伝来した際、この日本固有の信仰は、仏教に対して神道という言葉で表わされるようになりました。

これはいわば神道理解の入り口でしょうか。

昔からよくいわれていることですが、あなたの宗教はなんですかと問われて、多くの日本人が「ありません」「無宗教」と答えます。しかし、これは無信仰、無信心とは違っています。生まれたときは神社でお宮参り、お正月は神社に初詣、でも教会でのクリスマスにも参加する。結婚式は教会で、そしてお彼岸やお盆、お葬式はお寺で……と、いろいろなものを自然に都合よく取り入れているのです。

これはなにも現代人だけの特徴ではなく、奈良時代にインド生まれの仏教が伝来したときも、この大陸からの新しい仏教をもともと自分たちのもっていた神道と習合（神仏習合）[※2]させてきました。今でもお寺のなかに祠《ほこら》があったり、その逆に神社のなかにお寺的なものが残っていることもあり、じつは下鴨神社のなかにもかつては神宮寺が存在していました。仏事と神事はときに影響しあったり、逆にきちんと線引きされたり、あるいは民間信仰といったような形、さまざまな形で、残ったり発展していったりしたのです。

※2　神仏習合
神と仏とを調和させ同一視する思想で、神道と仏教の同化を示すもの。日本土着の神祇信仰（神道）と仏教信仰（日本の仏教）が融合しひとつの信仰体系として再構成された。神仏混淆（しんぶつこんこう）ともいう

日本的な宗教観についてここで深掘りはしませんが、興味のある方は、宮家準先生の『日本の民俗宗教』や『宗教民俗学』（東京大学出版会）などを参考にしてください。

キリスト教やイスラム教、仏教にはイエス・キリストやマホメット、お釈迦様というような教祖がいますが、神道には教祖はいません。またキリスト教、仏教、イスラム教はそれぞれに聖書や仏典、コーランなどの教書があり、そもそもそれぞれに「教」がついていますが、神道に経典はありません。「教」ではなく神の「道」です。長い歴史のなかで培われてきたもの、神様が示してくださる道、あるいは道について顕《あらわ》しているものが神道といえるのかもしれません。

両部神道とは？　そして伊勢神道、吉田神道

キリスト教にはカトリックとプロテスタント、さらにプロテスタントにもいくつもの教派がありますし、仏教はもともとインドで生まれたものが日本に入り日本的なものへ変化していき、曹洞宗、天台宗、浄土真宗などとたくさんの宗派があります。

神道についても、枝分かれというのは少し単純な表現ではありますが、さまざまな神道説が生まれます。

本地垂迹説《ほんじすいじゃくせつ》※3と称して奈良時代や平安時代初期から広まった信仰で、仏や菩薩が古神道の神とする宗教を両部《りょうぶ》神道※4と称して日本古来の神々の世界を真言宗の金剛胎蔵《こんごうたいぞう》※5の教理で解こうとする神道説（真言神道とも）や、天台密教の立場から解釈した山王神道（天台神道、日吉神道。

※3　本地垂迹説
神道の神々が仏教の仏や菩薩の仮の姿（垂迹）であり、本来の姿（本地）は仏教の仏や菩薩であるとする思想

※4　両部神道
密教の立場から神道を解釈した神道説。真言密教からの神道説のため真言神道ともいわれる。一方、天台密教の立場からの神道を解釈した神道説が山王神道。江戸時代はじめ天海大僧正は吉田神道の卜部梵舜（神龍院梵舜）が明神として家康を久能山に埋葬したが、再び掘り起こし日光に権現として山王神道の次第で埋葬した。これ以降、山王一実神道として活動するが儒家神道、国学による復古神道の隆盛におされ、明治の神仏判然令により解体していく

天海は山王一実神道を説いた）などは、明治初年の神仏判然令の時代まで信仰の基層の役割を果たしていました。

また鎌倉時代には、外宮の渡会氏により、古くから伝えてきた信仰に儒教と仏教の教義を取り入れた伊勢神道がありますし、また室町時代末期には吉田神道[※6]が大成されています。江戸時代になると民衆化した神道も説かれるようになり、吉川惟足《これたる》が唱えた吉川神道は仏教的な色彩を除き宋儒[※7]の説を加えて理論的教義ではなく、庶民的なものを目指したもの。山崎闇斎《やまざきあんさい》は古《いにしえ》からのおもな神道説を集大成して陰陽五行[※8]と儒学の論理を加えた垂加《すいか》神道を提唱。ほかにも三輪神道、出雲神道などの神道説もありました。

一つひとつを丁寧に説明する紙幅もありませんが、ここではまず、神道も時代や地域での変遷があったということを理解してもらえればと思います。ただ、それにしてもなかなか難しいし、馴染みが薄いか

※5　金剛胎蔵
金剛界は悟りへの道筋を表し、胎蔵界は慈悲の広がりを表すとされ、宇宙に太陽と月があるように、金剛界と胎蔵界のふたつの曼荼羅（まんだら）があることによって、ひとつの世界が表されるというもの

※6　吉田神道
室町時代京都の吉田神社の神官、吉田兼倶（よしだかねとも）がおこした神道の一流派。卜部（うらべ）神道とも呼ばれる

※7　宋儒
中国、宋代の儒学者の総称

※8　陰陽五行
中国の戦国時代に生まれた陰陽説と五行説とが漢の時代に結びついて一体化した

もしれません。

下鴨神社の新木直人宮司《ぐうじ》が『神游の庭《かんあそびのゆにわ》』（経済界）という書籍で記された抒文「下鴨神社の神道説の成り立ち」の冒頭を少し長くなりますが次の項に引用します。

神主さんは「言《こと》あげ」をしなかった

古い時代から、神主さんは神社の「神」さまのこと、「心」の問題などをあまり語らないでいた。説明をしたり道を解《と》いたりすることをしなかった。というのは、解かねばならない経典も教義もないからであった。「言《こと》あげ」をしなかったのである。「言挙《ことあげ》」とは、「神」さまのことあるいは、教えを説くとか、導くなどのことであ

説。五行の木・火は陽、金・水は陰、土はその中間であるとし、これらを観察することで、天地の変異や吉凶などを占うもの

る。そのことをあえてしなかったのである。というのも言いあらためていわなくとも「わかっている」からと、何となく思っていたからであった。といいながら、教義も経典もないので何をどのように説教してよいのやらわからず、「もどかしさ」もあった。

古来、日本人は「明《あか》き、清《きよ》き、直《なお》き」「心」という心のもちように重きをおいてきた。「正直で、きれいな心」を生活心情としていた。その心根を先祖から受け継いできたのである。美しい心の有様を誇りとし、心のあり方を問題としてきた。その有様を形に現したのが祭りであった。祭りには、市民のみんなが参加した。みんなが集まることが「まつり」であった。季節が巡り、その日が近づけば、その日が祭りであった。だから何もいわなくても神さまは、そこにおられたのである。（後略）

賀茂御祖神社（下鴨神社）を深く学ぶための書籍

◀『神游の庭』
（新木直人著　経済界）

▶『葵祭の始原の祭り
ー御生神事―御蔭祭を探る』
（新木直人著　ナカニシヤ出版）

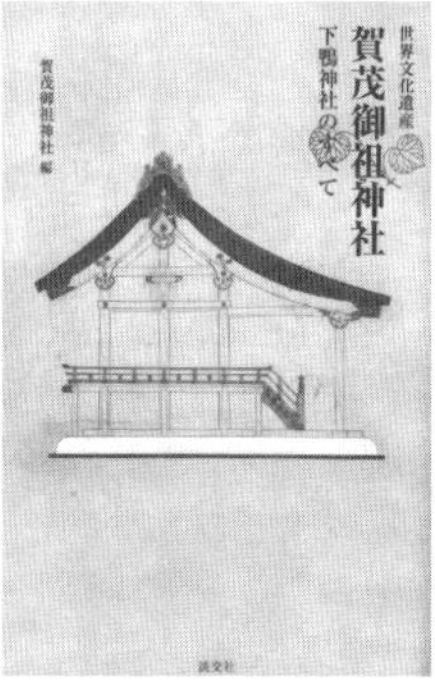

▲『賀茂御祖神社
―下鴨神社のすべて』
（賀茂御祖神社編　淡交社）

◀『下鴨神社　糺の森』
（四手井綱英編　ナカニシヤ出版）

▶『聖地の入口
―京都下鴨神社 式年遷宮の祈り』
（主婦の友社）

▲『下鴨神社今昔
甦る古代祭祀の風光』
（糺の森財団編 淡交社）

鴨神道を伝え続けた氏人《うじびと》たち

少子化の影響は否めないとはいえ、仏教系やキリスト教系の幼稚園、小学校、中学校、高校などはまだ多いのですが、神道系の学校は数えるほどしかありません。これも神社が「言あげをしなかった」ことと少しは結びつくのかもしれませんが、それでもお寺が読み書きそろばんの寺子屋を開いていたように、神社に学問所や塾を設けていたところはじつは少なからずありました。

社家（神職）も『古事記』[※9]や『日本書紀』『万葉集』など古典だけでなく、歌や書物、医学、建築などを熱心に習得し研鑽していました。そして自ら近在の子供たちや、なかには大名などにも講義をしたりしていたのです。

※9『古事記』
じつは神社界は『日本書紀』神代巻ばかりで『古事記』を学んでいる人はわずかだった。そのため賀茂真淵は『古事記』の重要性を訴え、松坂の一夜にて若年の本居宣長に『古事記』研究を託した。そして宣長はほぼ一生涯をかけて、注釈書の『古事記伝』を完成させた

荷田春満《かだのあずままろ》、※10賀茂真淵《かものまぶち》※11などは国学者として有名ですが、じつは社家でもありました。

下鴨神社の事情はどうであったかというと、少なくとも平安時代から「学問所」は存在していました。右大臣藤原実資《さねすけ》の日記『小右記《しょうゆうき》』に賀茂祭のことが記載され、そこに「政所《まんどころ》」という言葉が出てきます。この政所は全国にある下鴨神社領と下鴨神社を取りもつ役所のようなところですが、この政所に併せて「学問所」「書所」「絵所」という組織もあり、学問所では古典や歴史、神祇信仰の歴史などさまざまな専門分野を研鑽し、年中祭事の記録類などの管理を行います。同時に、下鴨神社の「社家《しゃけ》」や「氏人」のほか、洛中洛外《らくちゅうらくがい》の公家の子弟の教育も行っていました。

氏人とはカモ氏の血縁の者の総称で、御祭神の玉依媛命の兄である玉依彦命の子孫に当たる、すなわちカモ氏の系統の人々のことをいい

※10　荷田春満
『万葉集』『古事記』『日本書紀』などの研究の基礎を築き賀茂真淵・本居宣長・平田篤胤（ひらたあつたね）とともに国学の四大人のひとりとされる

※11　賀茂真淵
荷田春満を師として学び、教育者としても長じ、門下生は三〇〇人を超える。著名な門下生として本居宣長がいる

ます。
本家筋に当たる泉亭（いずみてい）、梨木（なしのき）、廣庭（ひろにわ）は「禰宜《ねぎ》」を奉職していたため禰宜家と呼ばれ、別の系統となる鴨脚（いちょう。惟、秀、光）は祝《はふり》を奉職していたため祝家と呼ばれました。本宮正禰宜は神社管理も司るため、古い時代は「惣官」、のちに「社司《しゃし》」という肩書をもち、祭祀と経営の責任者となりました。また分家筋の者を「氏人」と呼び、古代に枝分かれしたカモの血筋をひく家系で、それぞれの家系は専門職として奉仕しており、林家は学問所、南大路家は公文所、田中家は財務および糺《ただす》の森の管理などの務めを果たしていました。

神道（説）にもさまざまなものがあると記述しましたが、下鴨神社が大切にしてきたものが、鴨神道、烏伝神道と呼ばれるものです。

下鴨神社の御祭神・賀茂建角身命《かもたけつぬみのみこと》、別名八咫烏《やたがらす》の伝える神道です。鴨神道では人は一日に一万二七五一回呼吸をし、人間と同様に天地万物すべてが呼吸をしており、それらが互いに呼応することで新しいいのちが生まれるとしています。その新しいいのちが「御生《みあれ》」です。神事、祭事で気を祓うことは御生を願ってのことなのです。

下鴨神社の神紋は双葉葵という植物で、「葵祭」の名前もここからきたもので、葵のモチーフはおまもり

上は糺の森で自生する双葉葵。下は摂社、二十二所社

などさまざまなところで使われていますが、もともとは「あふひ」と書かれ、「あふ」は「会う」、「ひ」は神様の大きな力に出合うということです。そして、

「自然は人の身体に宿り、人は自然に宿る」

という思いを下鴨神社の氏人たちが守り伝えてきました。そしてこの思いは下鴨神社内にとどまるのではなく、全国の鴨社へと広がっていきます。

ちなみにこの氏人の係累は二二に分類されますが、下鴨神社には係累すべてを祀るための摂社、二十二所社が祀られています。

また、鴨長明《かものながあきら》※12は氏人の家系に生まれたので、本人は神官になることを願っていたのですが、社家の反対により思いかなわず隠遁生活を送り、世のはかなさを『方丈記』に記したのです。

※12　鴨長明
平安時代末期から鎌倉時代前期にかけての日本の歌人・随筆家。下鴨神社の神事を統率する禰宜の鴨長継(かものながつく)の次男として生まれ、本人も神官になることを願うも叶わなかった。閑居生活のなかで記した『方丈記』は清少納言の『枕草子』、兼好法師の『徒然草』とならぶ「古典日本三大随筆」に数えられる

講談のルーツは神社にあり

下鴨神社では「秀穂舎《しゅうすいしゃ》」というご近所の方々への学びの場・塾を開いていた時期もありました。

前項で紹介した下鴨神社の社家や氏人は下鴨神社のそばに居を構え、その家々は社家町と呼ばれました。明治時代の社家世襲廃止令によってこの社家という制度自体はなくなりましたが、祭事などを絵で記録する、祭服を拵《こしら》える、神饌《しんせん》を用意する、医薬調合、木版や楽器、化粧など、それぞれの家が一子相伝に近い形で役割を担っていきます。多いときは三〇〇を超す家が立ち並んでいたようです。

その社家のひとつ、鴨脚《いちょう》家の鴨秀豊《かものひでとよ》が江戸時代後期に「秀穂舎」を開いたもので、その名前には鴨秀豊の「秀」をとり、子供のことを表す「穂」が使われました。子供たちが稲穂のようにたわわに大きく実り豊かに育つようにという願いが込められていたのです。

鴨秀豊は、この秀穂舎の塾長として、吉田神道などを学んだ神道家、神道講釈師だった玉田永教《たまだながのり》を招きます。神道を難しく教えるのではなく神話などを交えながら、庶民や子供にもわかりやすく身近なものとして伝えるという役割を担ったもので、後に、永教の長男、玉田永辰《たまだながとき》、さらにその子の三矢田清三郎

鴨社資料館秀穂舎

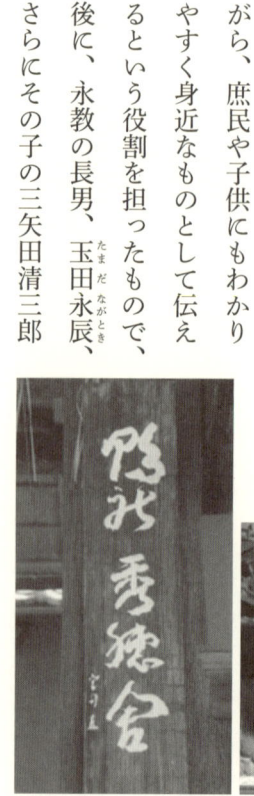

なども教授として加わりました。

この秀穂舎は明治になって解散となりましたが、教授たちは講釈師玉田流を創設。玉田流の講釈は大阪で評判となり、これが関西の講釈・講談のルーツになっています。講釈師は手にした張り扇を叩いて話にリズムをつけていきますが、この張り扇は神官がもつ笏《しゃく》に由来するようです。

なお平成二八（二〇一六）年から下鴨神社の社家のひとつ、浅田家を改築し、「鴨社資料館秀穂舎」として定期的に下鴨神社ゆかりの展示会などを開催しています。たとえば令和六（二〇二四）年七月から九月までは『「平安時代文学」に見る下鴨神社・糺の森』を開催。展示品だけでなく、禊《みそぎ》の場があったり、待ちあいがあったり、建物を通して、当時の社家の暮らしぶりがわかるようになっています。

式年遷宮《しきねんせんぐう》で天神宮を復活

前章で令和一八年・式年遷宮継続事業がはじまったことを記しました。国指定史跡・御蔭《みかげ》神社境内《けいだい》環境整備事業と斎館、大鳥居の再建工事等並びに御本宮の禮殿再建継続工事、直会《なおらい》殿再建工事、参拝者用手洗所再建工事、表参道整備工事などがはじまりますが、天神宮の再建工事も重要事業です。

天神宮は江戸時代に「秀穂舎」の先生として招かれた三矢田清三郎が、前任地、大坂の露天神の近くで漢学の塾を開いていた関係から、下鴨に移り住む際に、日ごろ信仰している天神社もご一緒に移されたと伝わっています。

以来、御本宮のお祭りには献書など奉仕を重ね、地域では、子供たちへ読み書きそろばんなどを学習塾で教え、深い絆を築いていていました。しかし天神社という呼び名では馴染みがうすく、まわりの住民の方は「天神さん」で通していました。今でも「あそこに天神さんのお社があった」と、思っている人々が多いようです。「秀穂舎」そのものは前項で記述したように別の社家を利用して資料館として再興させましたが、今後、もともと「秀穂舎」がおかれていた場所に、「天神宮」として元のお社の御姿に再興する予定です。ただし、社家の人々は「天神」を「あまつかみ」と読み直し、天照大御神を祀るお社と解釈し直したようです。今回の復興社殿も社家の説に従いながらも、庶民に親しまれた学び舎の天神さんの姿も継承するという形で再興する予定です。

コラム2

下鴨さんと活動写真

京都で映画の撮影所といえば、太秦《うずまさ》の東映撮影所を思い浮かべる方が多いでしょう。「映画村」という形でテーマパークにもなっています。

それで、じつは下鴨神社のすぐそばにも映画の撮影所があったというと、今度は京都の方でも、えっ、ほんとう？ と驚く人も多いのです。今では知る人ぞ知る事実ですが、大正一二（一九二三）年に松竹映画の「下加茂撮影所」が設置されました。この年の九月一日に関東大震災が起こり、その混乱もあり東京で映画をつくれなくなり、急遽《きゅうきょ》、松竹が鴨川沿いの竹藪を切りひらいて撮影所をつくって対応したのです。おもに時代劇がつくられ、林長二郎（長谷川一夫）、高田浩吉、市川右太衛門、田中絹代などのスターがここから生まれます。最初は無声映画でしたが、昭和七（一九三二）年には東洋一のトーキースタジオとなりました。

尾上松之助の銅像が下鴨神社近くの葵公園にあります。「目玉の松ちゃん」という愛称で親しまれた大スターだったのですが、社会福祉にも多大な貢献をした人で、昭和四一（一九六六）年、彼の功績を称えて、当時の蜷川虎三《にながわとらぞう》京都府知事が建立したものです。事情を知らないとなぜこんなところにこんな像が？ と疑問に思うかもしれませんが、近くに映画の撮影所があり、たくさんの俳優が出入りしていたという背景を知れば、なるほどと納得できるでしょう。

この下加茂撮影所は昭和二五（一九五〇）年には火災に遭います。そのときには、大女優の山田五十鈴が消火活動に参加したという話も残っているのですが、映画そのものが一時期斜陽になったこともあり、結局、昭和四九（一九七四）年には閉鎖されました。

開所から閉所までの約五〇年間、下鴨神社が直接映画製作に関わったわけではありませんが、映画がクランクインする前などには映画関係者が下鴨神社に祈禱に来られたり、また糺の森が映画のロケ地などにもたびたび使われていましたので、間接的に映画づくりをサポートしていたということになるでしょう。

令和五（二〇二三）年は「松竹下加茂撮影所」が開所して一〇〇年、そして文化庁が京都へ移転してきたことを記念して下鴨映画祭が開催され、下鴨神社も協賛しました。

今は映画もスマートフォンなどで観る人も多いようですが、かつては神社や公園などに幕を張り、イスをおいての上映会などもありました。いずれ下鴨神社の糺の森での映画の上映会などの企画が出て実現するようになれば、また新たなご縁が広がっていくのではと思います。

令和5年の下鴨映画祭のポスター

第三章

下鴨さんと女性活躍

女性活躍、ジェンダー、あるいは男女機会均等という言葉を耳にするようになりました。神社はそもそも性の違いといったこととは違う次元で存在するものですが、いのちのつながり、再生、縁を結ぶということで、良縁や子宝祈願として多くの女性の方にお参りいただいています。そもそも下鴨神社は御祭神のおひとりが、玉依媛命《たまよりのひめのみこと》という女神ですし、前々章でも触れましたが平安時代から400年は皇女が斎院（斎王）として仕えたという歴史もあるのですから、まさに「女性活躍」のさきがけがここにあったといえるのかもしれません。

神の子を産んだ玉依媛命は下鴨神社の御祭神

第一章でも少し触れましたが『山背（城）国風土記』[※1]逸文によると、天照大神《あまてらすおおみかみ》の命を受けて賀茂建角身命《かもたけつぬみのみこと》が日向《ひゅうが》の高千穂《たかちほ》に天降り、東征しようとする神倭石余比古《かむやまといわれひこ》（のちの神武《じんむ》天皇）に従います。そして熊野（今の三重県熊野地方）から大和（今の奈良地方）へと向かっていたとき、山中に迷い込んでなかなか思うように進むことができなくなりましたが、賀茂建角身命が八咫烏《やたがらす》に化身して東征軍を先導、無事、大和に入ることができました。その後、神武天皇が大和の国を平定したことを確認したうえで、賀茂建角身命は大和を離れ山背へと向かい、賀茂川と高野川の合流する中州《ただす》に鎮座されることになりました。

それが、下鴨神社のはじまりであると伝えられて、賀茂建角身命は

※1　山城国風土記
平安京遷都以前の山背（山城）国の風土や文化を記している地誌。奈良時代初期に元明天皇（げんめいてんのう）が各地の風土記を編纂するように求めたといわれている。『山城国風土記』そのものは現存せず、他書などに引用される形、逸文として残っている

下鴨神社のご祭神・国造りの神、そして京の都をつくった神として祀られているのですが、この賀茂建角身命は丹波国の伊賀古夜日女《いかこやひめ》を妻に迎え、玉依彦命《たまよりひこのみこと》と玉依媛命の兄妹、ふたりの御子をもうけます。この妹の玉依媛命もまた下鴨神社の御祭神であるので、つまりは西殿に父の賀茂建角身命、東殿に娘の玉依媛命、下鴨神社には二柱の神様が祀られているのです。

そして玉依媛命の神話も『山背（城）国風土記』逸文のなかに同様にあり――

玉依媛命が賀茂川で禊《みそぎ》をしていると上流から丹塗りの（赤い）矢が流れてきます。これを拾い上げてもち帰り、寝床近くに挿しおいていたところ、ほどなく玉依媛命は身ごもり男子を産みます。そしてこの子が成人したとき、祖父にあたる賀茂建角身命は大きな家を建て、たくさんの甕《かめ》に酒を用意し、多くを招いて、七日七夜の宴を催します。

そしてこの男の子に「お前の父と思う人にこの盃を渡しなさい」と命ずると、その子は盃を手にし「吾は天神の御子なり（私の父は天にいます）」といい、屋根を突き破って天に昇っていった。それで、この男の子の父親は雷の神であることがわかり、賀茂別雷命《かもわけいかづちのみこと》と名付けられました。

この賀茂別雷命が賀茂社・上賀茂神社の御祭神として祀られています。

繰り返しになりますが下鴨神社は地元の人などからは「下鴨さん」と親しみを込めて呼ばれています。その正式名称は「賀茂御祖《かもみおや》神社」です。賀茂は、カミ、神に通じ、祖は親のこと。つまり、賀茂御祖とは神の親で、まさに上賀茂神社の御祭神・賀茂別雷命の母親・玉依媛命がおわします神社なのです。また、玉依媛命の「玉」は神霊のこと、「依」はその神霊を自分によりつかせること。つまり神霊を憑依《ひょうい》させて託宣するということです。

また、玉依媛命が御祭神ということから、下鴨神社は子宝、良縁にも恵まれる神社としても親しまれています。

「美麗の神」を祀る河合神社

少し前置きが長くなりましたが、下鴨神社は女神、女性の働きによって成り立ってきたところが大きいといえるでしょう。

ほかにも、まだまだその例を挙げられます。

下鴨神社の南側、大鳥居そばにある摂社・河合神社。[※2]

この神社は『方丈記』の作者として有名な鴨長明《かものながあきら》ゆかりの神社でもあるのですが、この神社のご祭神は玉依姫命《たまよりのひめのみこと》です。え、下鴨神社の祭

※2　**河合神社**
下鴨神社の第一摂社で、正式には鴨河合坐小社宅神社（かものかわあいにいますおこそやけじんじゃ）

神と同じではと思われるかもしれませんが、よく見ると、ひめの字が「媛」ではなく「姫」。違う神様で、こちらは神武天皇のお母様になられます。

河合神社と美麗の祈願絵馬

玉依姫命が玉のように美しいことから「美麗の神」として深く信仰されていて、河合神社では美麗の祈願絵馬として手鏡型の絵馬「鏡絵馬」の授与を行っています。

手鏡の形をした絵馬（顔を表す模様が入った）にご自身のふだん使われている化粧品でメイクをして自身の理想の姿を描きます。裏に願意を記入し、絵馬に願いを託すことにより、外見だけでなく内面も磨いて美しくなっていただくという絵馬です。

昨今はほめるつもりで「美しいですね」と容姿のことに触れるのがセクシャルハラスメントになるのではと躊躇《ためら》ってしまう、あるいは女性らしいですねというひと言が、ときと場合によってアンコンシャスバイアス（無意識の先入観）とされてしまうような社会風潮があります。

しかし、それでも男女、あるいは若い若くないの年齢を問わず、自分を磨くということはとても大切。もちろん内面を美しくすることも大事ですが、外見磨きも同時に大事。外見を気にかけることで背筋がしゃんとして、内側が調っていくということを考えれば、神様はもちろん、人前で身だしなみを調える、見られて恥ずかしくないようにするということもぜひ大切にしたいものです。

神社には男女の格差はあるのかないのか

章はじめに記したようにジェンダー、女性活躍、男女機会均等といった言葉をよく耳にするようになりました。いわゆる男尊女卑の社会が長く続き、いまだにいろいろな場面で女性が我慢を強いられたり、女性の活躍の場がかぎられていたりすることは否定できません。

ジェンダーギャップの国別ランキングというのがあり、「経済」「教育」「医療へのアクセス」「政治参加」の四つの分野で男女間の格差について調査しています。男女平等への達成率を数値化、「男性一〇〇%」とした場合の女性の比率を示し、数値が小さいほどジェンダーギャップは大きいといえるものです。調査対象一四六ヶ国のうち、日本は一四六ヶ国中一二五位。下から数えたほうが早いくらい。まだまだ男女格差が大きいという結果です（二〇二三年）。

ただ、これは「政治参加」と「経済」でのジェンダーギャップが大きいからともいえるようで、女性の閣僚が少ない、上場企業の役員が少ないといったことが大きく足を引っ張っているようです。教育や医療といった分野では男女雇用機会均等、男女共同参画がしっかり進んでいるので、業種業界によって違ってくるのでしょう。また、数値目標も大事ですが、女性雇用、女性登用を見せかけ、あるいは「映え」

のために増やすだけでは意味がなく、ほんとうに活躍の場が用意されているかどうかが大事でしょう。

それでは神社はどうなのか？

すでに述べているように、神社本庁に属している神社八万それぞれが特徴をもっているので、ひとくくりでこうだとはいえませんが、会社でいえば取締役社長（最高経営責任者）的な立場である「宮司《ぐうじ》」※3に女性がなるという例も増えているようですから、各地で神職が常駐しない神社も増えている昨今、女性の宮司が増えていけばそうした神社をフォローするという機会も今後増えていくのかもしれません。

先述のように、日本には八万社ほどの神社があり、それぞれの由緒や習俗があり、女性がどのような関わり方をしているかも十把ひとからげでお話することはできません。

そもそもどのような人たちが神社に関わっているのですかと問われ

※3　宮司
神職や巫女をまとめる神社の長（おさ）。ちなみに神社で祭司を執り行う資格をもつ人が神主。神社によって神主は複数存在するが、宮司はひとり

ると、まず「宮司」の次に「権宮司《ごんぐうじ》」（会社でいうならば副社長や専務というところでしょうか、祭事だけでなく、神社の運営全体を見る人）です。そして「禰宜《ねぎ》」は部長であったり現場監督といったところでしょうか。下鴨神社では祭り、祈禱、結婚式、教化、広報、境内《けいだい》管理などを三人の禰宜が分担しています。また、その下に「権禰宜《ごんねぎ》」「出仕《しゅっし》」というものがいます。「宮司」や「権宮司」「禰宜」については下鴨神社のこれまでの歴史のなかで女性がついたことはありません。

ただ、それでは男性中心かというとそうではなく、別項で記しますが、天皇の皇女を迎える「斎王制度」が長くおかれていました。また斎王以外にも、ここで詳細を記すことはしませんが、神事において、たとえば「忌子女《いんこのめ》※4」や「雑仕女《ぞうしめ》※4」という女性神職がこのタイミングでこれこれをするということが事細かに決められていて、女性も男性もそれぞれが与えられた仕事に奉仕していく、その伝統は今も続いてい

※4　忌子女、雑仕女
下鴨神社の女性神官。神事でのさまざまな役を担い、たとえば御生神事の御生綱（あれつな＝神々が鎮まるところへ導く綱）を引くという重要な役などを担っている。かつては祀官や氏人の子女から選ばれ、『鴨社諸役人帳』という資料によると、忌子女は朝廷から従四位から従五位に叙せられ忌子田という所領も擁していた

るのです。

　多くの神社に巫女《みこ》※5さんがいて、たとえば授与品などの手渡しであったり、祈禱のときに鈴を鳴らしたりします。こういった役回りの巫女さんは比較的新しく、明治以降に登場したものですが、下鴨神社はこの巫女さんとは別に、古い時代から女性が神事に携わっていました。

　また、こういった下鴨神社直轄のもの以外にも、地域の氏子さんがいて、青年会、婦人会、

江戸時代後期（安永年間。大正時代に書写）の絵巻。御蔭祭の進発の儀式、勧盃の儀で座っている忌子女と御神酒を注ぐ雑仕女が描かれている

※5　巫女

古来より巫女は神楽を舞ったり、祈禱をしたり、占いをしたり、神託を得て他の者に伝えたりなどをする役割であったが、明治以降は神社で神事の奉仕をしたり、神職を補佐する役割へと変化した

崇敬《すうけい》会、糺《ただす》の森保存会、ボーイスカウト、ガールスカウト、ラグビー※6関連……、さまざまな形でたくさんの方が下鴨神社に関わり支えてくださっています。

神社にかぎらず世界の宗教に当てはまることでもありますが、たと

「第三十四回鴨式年遷宮記」（賀茂御祖神社〔下鴨神社〕発行）にも忌子女の乱舞が紹介されている

※6 ラグビー
下鴨神社の摂社、雑太社（さわたしゃ）には瑞垣前に大きなラグビーボールを模した木彫りが据えられている。下鴨神社の馬場で日本ではじめてラグビーの練習試合が行われたこともあり、多くのラグビー関係者が当社を参拝する。絵馬もラグビーボール型

えばキリスト教のカトリックの場合、神父（司祭）になれるのは男性だけですし、日本でも修験の世界などで女性禁足の地があったりします。身近なところでは相撲の土俵には女性は今も上がってはいけないことになっています。「どうしてそうなのか?」と問われても理由がわからなくなっているものもあります。わからないからしっかり守り続けるという考えもあれば、柔軟にしていってもいいのではという声も聞こえてきます。

ほかの神社のお祭りですが、八坂神社の祇園祭にはたくさんの山鉾《やまぼこ》が進んでいきますが、宵山、宵々山といった夜は氏子だけでなく、一般の観光客が山鉾に上がって見学ができるようになっています。昭和四〇年代ぐらいまでは山鉾に女性を上げることは禁じられていましたが、いつのころからか女性のグループだけでも見学を楽しむことができるようになりました。

もちろん、伝統や習俗を、今の、そのときだけの時代のものさしだけで測って、これまでのならわしを古い考え、硬直した考えととらえるのも早計ですし、ましてや個人の思いだけを優先するのは避けたいところでしょう。

変えるべきもの、変えてもいいもの、変えてはいけない守るべきものがあることを見極めていくということでしょう。

斎院は平安時代のサロンだった

下鴨・上賀茂「賀茂社」の斎院・斎王制度については第一章でも触れましたが、平安のはじめ、京都にいる嵯峨《さが》天皇と、奈良にいる兄の平城《へいぜい》上皇との関係が悪化し、「二所朝廷」と呼ばれるほど政治が不安定になったとき、賀茂の大神に国を安定して治めることができるようになるなら未婚の皇女を「賀茂社」に奉仕させると祈願され、実際にその願いが叶ったことからはじまったものです。当時、すでに確立していた神宮（伊勢神宮）の斎王制度（天武二〔六七三〕年、壬申《じんしん》の乱※7に勝利した天武《てんむ》天皇が、勝利を祈願した天照大神に感謝し、大来皇女《おおくのひめみこ》を神に仕える御杖代《みつえしろ》として伊勢に遣わした）をならってのものでした。

弘仁元（八一〇）年、初代の斎王を務めたのは有智子《うちこ》内親王で以来、三五代、後鳥羽《ごとば》天皇の皇女、礼子《いやこ》内親王まで約四〇〇年続きました。後鳥羽上皇（承久の乱当時）が鎌倉倒幕を画策し、承久《じょうきゅう》の乱※8が起こったことなどがきっかけで、この制度は廃絶してしまいました。皇女おひとりを斎王に選んで賀茂社に奉仕させるということではなく、斎院という建物をもうけ、そこに大勢の官人、女官を配するので、維持をする経済的な負担が相当大きかったようです。

※7　壬申の乱
天武天皇元（六七二）年に起こった今の奈良県、三重県、岐阜県、滋賀県などを舞台に展開された、古代史上最大の戦乱。天智天皇（てんじてんのう）の太子・大友皇子に対し、皇弟・大海人皇子（のちの天武天皇）が兵を挙げて勃発。名前の由来はその年の干支が壬申にあたることによる

※8　承久の乱
承久三（一二二一年）に、後鳥羽上皇が鎌倉幕府の執権である北条義時に対して起こした、日本史上初の朝廷と武家政権の間で起きた武力による争い

しかし、この四〇〇年、斎院はサロンのように光彩を放っていました。斎院は紫式部の『源氏物語』や清少納言の『枕草子』をはじめ、和泉式部などの和歌など、平安王朝文化が花開くきっかけとなり、またそれらを支えていました。初代の有智子内親王はわずか四歳で斎王となられた方ですが、漢詩の名手で、その後『経国集』という勅選漢詩集にも載っています。当時、詩や歌が国を豊かにするという考えがあり、斎王もその使命感で多くの漢詩をつくられたといい、嵯峨天皇が京都の郊外、嵯峨野の山荘に行幸されて詩宴を供されたときに同行されていた有智子内親王の詩の素晴らしさに感銘され、官位が「無《む》位《い》」だったのを「三品《さんぼん》」に叙されたといいます。

伊勢の斎宮がときの天皇一代で、御代《みよ》替わりのときに交替したのに対して、賀茂の斎王は何代にもわたって務められることもあり、たとえば、五代、五七年間、六八歳まで務められて「大斎院」と呼ばれた村上《むらかみ》天皇皇女選子《のぶこ》内親王などがおられます。とくにこの選子内親王は藤原道長※9がその人柄や才覚に感服し絶賛したといい、また『枕草子』には中宮定子《ちゅうぐうていし》のもとに、斎王（斎院）から正月の贈り物と和歌が届き、まだ雨戸の開いていない早朝だったけれど、清少納言は大急ぎで重い雨戸を開けかしこまって受けとったことが書かれているのですが、「斎院には、これよりきこえさせ給ふも、御返しも、なほ心ことに、書きけがしおほう、用意見えたり。」〈斎院様への手紙は、こちらから出すときも、来た手紙に返事を書くときも、やはりとくに気をつかうので書き損じも多くて、深く心づかいをしていることがわかる（八七段）〉と、選子内親王は特別な心づかいを必要とする人でもありました。

また斎王だけでなく、お付きの女官にもすぐれた才能をもつものがたくさんいたようです。

※9　藤原道長
平安時代中期の政治家で、藤原氏が「摂政・関白」として政治を動かした「摂関政治」の全盛期を築いた人物。「この世をば我が世とぞ思ふ」と和歌に詠（よ）むほど、すべてを手に入れた貴族・権力者

斎王は賀茂祭（葵祭）を前にした午《うま》ないしは未《ひつじ》の日に賀茂の河原で禊をし、祭り当日は斎院を出立し、御所を出た朝廷の使いの行列と合流し、下鴨神社（賀茂御祖神社）、そして上賀茂神社（賀茂別雷神社）で祭儀を行います。朝廷の使いの行列と、斎王の行列が合流するこの地点が絶好の見学場ともなり、『源氏物語』で光源氏の正妻・葵《あおい》の上と六条御息所《ろくじょうのみやすんどころ》との場所とり争いの舞台となったところです。『源氏物語』も賀茂の大神に仕えた斎王の存在なしでは成り立たなかったかもしれません。

なお、葵祭は斎王の制度がなくなっても継続し、応仁文明の乱などで中断、元禄七（一六九四）年に再興され、その後も、戦

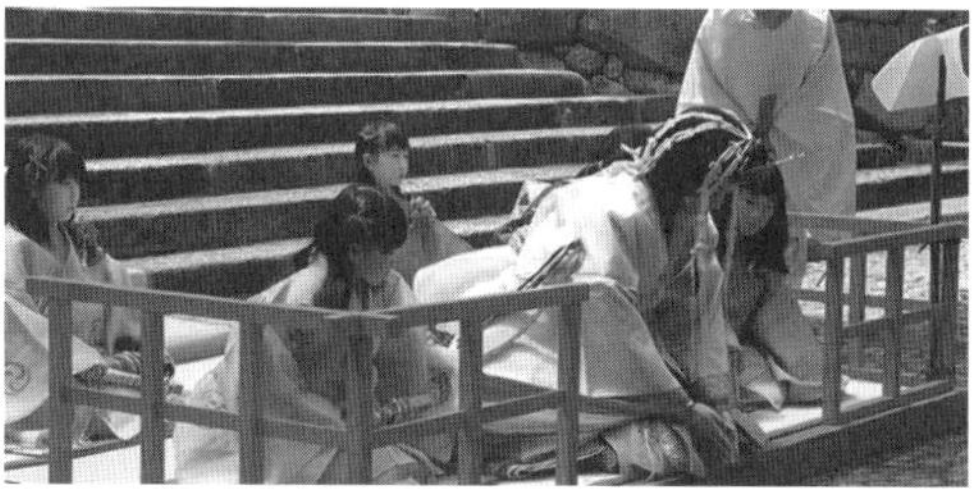

葵祭の斎王代

争などで何度か中断、復興を繰り返しています。

昭和三一（一九五六）年からは斎王の代わりに、毎年、未婚女性から斎王代が選ばれるようになり、令和六（二〇二四）年で斎王代は六六代となり、なかには母娘、それぞれが斎王代をつとめたという例もあります。

下鴨・上賀茂神社でそれぞれ隔年ごとに禊を行い、祭り当日の行粧（行列）の出発は御所からとなっています。

新たにうまれた賀茂いつきのみや顕彰会

下鴨神社の楼門から参道ではなく馬場を南へ下っていくと、西側に比較的新しい神社が目に入ってくると思いますが、これが「賀茂斎院歴代斎王神霊社」で、歴代の斎王をお祀りしています。初代の有智子内親王が退位されたのは二一歳で、四一歳でお亡くなりになられています。以来、斎王を祀る神社があったわけですが、応仁文明の乱の兵火などで焼失するなどし、その後は「祠宇《しう》」※10が摂社の三井神社へ遷されていました。

式年遷宮では本殿などの造替《ぞうたい》などのほか、さまざま

賀茂斎院歴代斎王神霊社

※10 祠宇
祠（ほこら）や神社、社（やしろ）のこと

なことを見直し新しくするのですが、前回の式年遷宮事業として、この「賀茂斎院歴代斎王神霊社」を新しく現在の地に御遷座《ごせんざ》しました。

そして令和五（二〇二三）年に「賀茂いつきのみや顕彰会」を設立、顕彰会の名誉会長に茶道裏千家淡交会理事長の千容子《せんまさこ》さん、会長に俳優の竹下景子さん、副会長に冷泉《れいぜい》家時雨亭《しぐれてい》文庫常務理事の冷泉貴実子さんにご就任いただきました（「いつきのみや」は斎宮の訓読みです）。

同年一二月には下鴨神社の参集殿で設立記念シンポジウムも開催しました。かつて賀茂の斎院（斎王）が文化サロンだったように、この下鴨神社から伝統に根付いた新しい文化が生まれていく、斎王のサロンを次へとつなげていければと、まさに「女性活躍」へと花開いていくことを願っています。

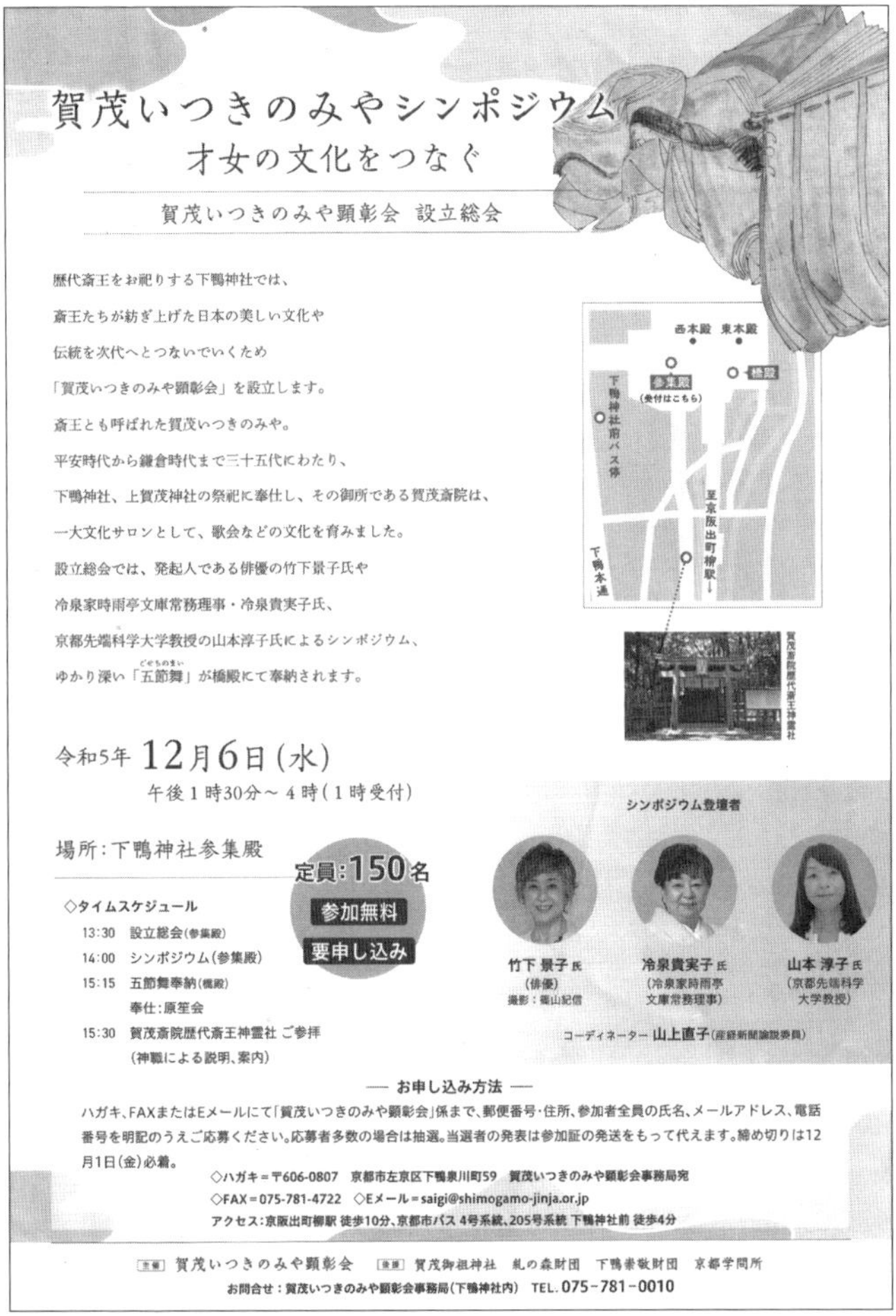
賀茂いつきのみやシンポジウム
才女の文化をつなぐ
賀茂いつきのみや顕彰会　設立総会
歴代斎王をお祀りする下鴨神社では、
斎王たちが紡ぎ上げた日本の美しい文化や
伝統を次代へとつないでいくため
「賀茂いつきのみや顕彰会」を設立します。
斎王とも呼ばれた賀茂いつきのみや。
平安時代から鎌倉時代まで三十五代にわたり、
下鴨神社、上賀茂神社の祭祀に奉仕し、その御所である賀茂斎院は、
一大文化サロンとして、歌会などの文化を育みました。
設立総会では、発起人である俳優の竹下景子氏や
冷泉家時雨亭文庫常務理事・冷泉貴実子氏、
京都先端科学大学教授の山本淳子氏によるシンポジウム、
ゆかり深い「五節舞《ごせちのまい》」が橋殿にて奉納されます。
西本殿　東本殿
参集殿
(受付はこちら)
橋殿
下鴨神社前バス停
至京阪出町柳駅↓
下鴨本通
賀茂斎院歴代斎王神霊社
令和5年 12月6日(水)
午後1時30分～4時(1時受付)
場所:下鴨神社参集殿
定員:150名
参加無料
要申し込み
◇タイムスケジュール
13:30　設立総会(参集殿)
14:00　シンポジウム(参集殿)
15:15　五節舞奉納(橋殿)
奉仕:原笙会
15:30　賀茂斎院歴代斎王神霊社 ご参拝
(神職による説明、案内)
シンポジウム登壇者
竹下 景子 氏
(俳優)
撮影：篠山紀信
冷泉貴実子 氏
(冷泉家時雨亭文庫常務理事)
山本 淳子 氏
(京都先端科学大学教授)
コーディネーター 山上直子(産経新聞論説委員)
― お申し込み方法 ―
ハガキ、FAXまたはEメールにて「賀茂いつきのみや顕彰会」係まで、郵便番号・住所、参加者全員の氏名、メールアドレス、電話番号を明記のうえご応募ください。応募者多数の場合は抽選。当選者の発表は参加証の発送をもって代えます。締め切りは12月1日(金)必着。
◇ハガキ＝〒606-0807　京都市左京区下鴨泉川町59　賀茂いつきのみや顕彰会事務局宛
◇FAX＝075-781-4722　◇Eメール＝saigi@shimogamo-jinja.or.jp
アクセス:京阪出町柳駅 徒歩10分、京都市バス 4号系統、205号系統 下鴨神社前 徒歩4分
主催 賀茂いつきのみや顕彰会　後援 賀茂御祖神社　糺の森財団　下鴨崇敬財団　京都学問所
お問合せ：賀茂いつきのみや顕彰会事務局(下鴨神社内)　TEL.075-781-0010

「賀茂いつきのみや顕彰会」設立総会の案内チラシ。下鴨神社参集殿で竹下景子さん、冷泉貴美子さん、そして京都先端科学大学教授の山本淳子さんによるシンポジウムも開催され、また橋殿ではゆかり深い「五節舞（ごせちのまい)」が奉納された

コラム3

下鴨さんと葵のこと

葵の御紋《ごもん》の入った印籠《いんろう》を出し、「この紋どころが目に入らぬか」はテレビシリーズが何年にもわたって制作された人気時代劇『水戸黄門』の決め台詞《ぜりふ》でした。葵は将軍に徳川御三家と御三卿だけが使用をゆるされたご紋です。時代や家によってバリエーションはありますが、どのご紋も三つ葉葵で、そのルーツを辿れば賀茂社（下鴨神社、上賀茂神社）のご神紋「双葉葵」につながるといわれています。諸説ありますのでここでは掘り下げませんが、徳川家康以降、将軍家は葵の紋の権威付けに成功したわけです。

ところでこの三つ葉葵ですが、じつは意匠上だけで、植物としての三つ葉葵はないことをご存じでしょうか。「三つ葉葵」という名前の植物はないのです。桜の花が終わるころ、日本の薄暗い山地の林床では、フタバアオイ（［Asarum caulescens］ウマノスズクサ科カンアオイ属）が、地下茎の先端からハート型をしたふたつの葉を開きます。これが双葉葵で、下鴨神社のご神紋になっているものです。

この双葉葵は葵祭の行列などの装飾に欠かせないものです。しかしじつはどこにでも生えているものではありません。お祭りのために数をそろえるというのがなかなか大変で『親と子の下鴨風土記』には次のような記述がありました。

村には葵党と桂党と呼ばれる家が十六軒ず

つありました。葵党は四軒が一組になって、雲ヶ畑や久田など決まった場所に（引用者註：葵を）とりに行きました。遠いところまで行くので、三日分のお弁当を持って、朝の三時ごろに出かけました。ふたば葵は花がさくまで四年もかかるため、前の歳と同じ所でとれるとはかぎりません。生えている所を土地の人びとに教えてもらったり、泊めてもらったりしなければならないので、米や野菜などお礼の品をカゴに入れて、天びん棒をかついで、行きました。集めた葵は六ぱいのカゴにつめ、四人がかわるがわるかついで帰りました。

葵祭がいかにたくさんの方に支えられているか、丁寧に時間をかけて準備されているかがわかるものです。今はガールスカウトの方々などにご協力いただいて葵を育てていただいています。

もちろん、下鴨神社境内、糺の森にも双葉葵や水葵が自生しています。水葵は流れが速くても育たず、遅くよどんでいてもだめというように環境にとても敏感な植物で、なかなか見ることができない貴重な水草です。花言葉が「前途洋々」というのも気持ちを新たに、前向きにしてくれます。糺の森はこういった絶滅危惧種にも出合えるところなのです（貴重な稀少植物なので森の植物は摘んだりしないで見るだけにしてください）。

下鴨神社に自生する双葉葵

第四章

下鴨さんと「神社のあれこれ」

全国各地に「七ふしぎ」が伝承されています。とくに神社には多く残っているようです。そのふしぎをあらためてしっかり見直してみると、これまで目の前にあるのに見落としていたことに気づくことができるかもしれません。それからお神札《ふだ》だったり、おまもりだったり、絵馬だったり、神社ならではのもの、これも、わかっているようで知らないことがあります。

神社と「石」にまつわるお話

オリンピックが終わったばかりでタイムリーだったこともあるのでしょう。あるとき、お父さんが小さなお子さんに「これが『さざれ石』。君が代で歌われている石だよ」と下鴨神社にある「さざれ石」を前に説明をされている光景を目にしました。

オリンピックやパラリンピック、それにサッカーやラグビーなどのワールドカップで日本の国歌「君が代」が演奏されるのを聞いたり、実際、声を出して歌ったりする機会もあると思いますが、小中学校などの音楽の授業などでは「君が代」の歌詞の意味であるとか、歴史などを教えないところも多いようです。

それでも、やはり日本の歴史や伝統をいろいろなところで学べる機会、きっかけがあればと思います。既述したように下鴨神社にも「さざれ石」があるのですが、じつはそれほど古いものではなく、おそらく、「国旗及び国歌に関する法律」(国旗国歌法[※1])制定前後に要望があっておかれるようになったのだと思います。

なんとなく耳で覚えていても「君が代」の歌詞をしっかり理解できていない方も案外多いようです。「巌《いわお》となりて」を「岩音鳴《いわおとな》りて」と勘違いしていたという方もおられました。日本の国歌の歌詞およびその表記は、「国旗及び国歌に関する法律」(国旗国歌法)別記第二では次のようになっています。

君が代は
千代に八千代に
さざれ石の

※1 国旗国歌法
国旗を「日章旗」、国歌を「君が代」と規定するもの。平成一一(一九九九)年八月一三日に公布、即日施行された

いわおとなりて
こけのむすまで

もともとは『古今和歌集』の「読人知らず」の和歌が出典になっていて、この歌を受ける人の長寿を祝うものでした。この歌がベースになって物語、御伽草子《おとぎぞうし》、謡曲、小唄、浄瑠璃《じょうるり》から歌舞伎、浮世草子《うきよぞうし》、狂歌《きょうか》など多岐にわたり、また箏曲《そうきょく》、長唄、常磐津《ときわづ》などにもそのバリエーションがあります。安土桃山時代には「君が代は千代に八千代に」の歌が「恋歌」として流行っていたり……ここでの「君」は多義的に用いられていたのですが、明治時代から戦前、戦中にかけて一義的に「天皇」を指して歌われるようになりました。

あらためてこの「君が代」の歌を解説すると、

「千代に八千代に」は「一〇〇〇年も幾千年も」であり、「さざれ石のいわおとなりてこけのむすまで」とは「小石が成長して大きな岩となり、それに苔が生えるまで」の意味。石が成長するなんて聞いたことがないという方は下の写真をご覧ください。

火山の噴火により、石灰岩が分離集積して凝固した岩石、まさに小さな石が巌となっているのがおわかりになるでしょう。この石は岐阜県の天然記念物にも指定されています。

この「さざれ石」が京都なら下鴨神社や吉田神社、東京なら明治神宮、靖國神社、日枝《ひえ》神社など、ほかにも出雲大社といった

下鴨神社にあるさざれ石

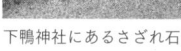

神社に鎮座されていますので、機会があればぜひのぞいてください。

また「石」ということでいえば、日本各地には子持ち石[※2]であったり、赤子石[※3]であったり、神様として祀る神社もありますし、下鴨神社には、これは次の項の「ふしぎ」ともつながりますが、「泉川《いずみがわ》の浮き石」や「御手洗池《みたらしいけ》の神石」という伝承もあります。また、身近なところでは赤ちゃんの歯固めの儀式にも、「石」は欠かせません。

神社と「木」と「ふしぎ」にまつわるお話

神社にはご神木があり、「鎮守《ちんじゅ》の森」があります。

鎮守の森は神社（鎮守神）に付随して社殿や参道などを囲むように設定され維持されている森のことです。手つかずの原生林と違い、人

※2　子持ち石
子持ち石とは、石のなかに小粒の石の入っているものをいう。母親が子供を抱いている様子を思わせ、子孫繁栄、安産や、子供の健やかな成長にご利益があるといわれる

※3　赤子石
その石の前で祈願すると赤ん坊の夜泣きがおさまるという伝承がある石。ほかにも石をまたぐと子宝に恵まれるであるとか、手前の石から少し離れた向かい側の石まで目をつぶったまま無事辿りつければ願いが叶うなど、日本各地に石にまつわる話は多い

の手が入って維持されている森です。最近は、とくに都会にあっては木々が少なくなってしまったところもありますが、下鴨神社境内《けいだい》には「糺《ただす》の森」が広がっています。その広さは一二ヘクタール、東京ドーム三個分で、ケヤキやヒノキ、カツラ、クヌギといった広葉樹の種類もたくさん、そのほか、小さな川、せせらぎ周辺には水生植物も自生し、まさに多様な植物が豊富に見られます。もちろん、昆虫や小動物も生息していて、昔から、そして今でも、植物学者や生物学者の先生方のフィールドワークの絶好の地にもなっています。

糺は「只洲」「直澄」「河合」「多々須」とも記され、賀茂川と高野川の中州（なかす・ただす）にあるからだなど、そのいわれはたくさんあるのですが、四五ページでも紹介しているように「御生《みあれ》」に通じるもので、ものごとが再生、よみがえる地であり、心が引き締まる、その名の通りピシッと糺される土地でもあるのです。

ですから、糺の森には身が引き締まる思いになるようなふしぎな伝承も残っています。『親と子の下鴨風土記』[※4]という本のなかで、「黒龍さんのおつげ」というタイトルで糺の森の木にまつわるお話が紹介されています。以下、要約して紹介すると――

戦争のため葵祭が長い間とりやめになっていたのをなんとか再興したいと考えた。境内にある大木を切って売ればお金になるのでそれを原資にしよう、しかし昔から大木には魂が宿るといわれるので、鞍馬山《くらまやま》で行をしている木こりに切ってもらうことにした。そして鞍馬の行者《ぎょうじゃ》[※5]さんと材木屋さんが調べにやってきて、ふたりは泉川の大きなケヤキに目をつけた。それで材木屋さんがそのケヤキにあいている大穴をのぞいたところ、なかから黒いものがにゅっと出てきて、赤い舌で材木屋さんの顔をなめようとした。材木屋さんは肝を潰し

※4『親と子の下鴨風土記』
平成三（一九九一）年三月初版発行。下鴨の文化を子どもたちに伝える会が編集・発行。非売品

※5 行者
修行を行う者。中国や日本ではとくに山岳修行を行う者を指すようになり、修験道の開祖である役小角（えんのおづぬ）は「役行者（えんのぎょうじゃ）」と呼ばれる

て「キャーッ」と叫んで社務所迄すっ飛んでいき、気絶してしまう。まわりが水をかけたり頬っぺたを叩いたりして起こしたところ、気がついた材木屋さんはこれこれしかじかとさっきのことを話したので、ケヤキの大木に黒龍さん[※6]が住んでいることがわかった。それで木こりの行者さんが大木の前で祈願をした。

「黒龍さま。どうかこの木から出ていただいて河合神社のところに同じ年齢の木がありますのでそこへお移りいただけないものでしょうか。この木は葵祭のために使わせていただきたいのです」

すると行者の耳に黒龍さんのおつげが聞こえ、

「河合神社にはほかに木がないので行ができない。今はならん。三年後なら天に昇るのから、天から指図して葵祭の再興はかなえてやる」

とのこと。

※6　黒龍さん
冬を象徴する北方の守護神で水を司り、常に流れる水のように新鮮な空気を保つ神様

そこで神社はおつげに従い三年間待つことにしたら、それから三年後の昭和二七（一九五二）年に京都市から声がかかり葵祭が再び行われるようになった。

木が大切なものであること、またいのちや時間の大切さ、なにをするにも物事には相応しいとき（タイミング）があることなどを示唆する伝承です。

下鴨神社には「鴨の七ふしぎ」というものがあり、前項の「石」にまつわるもののほか「木」に関するものでは、三四ページでも紹介している「連理《れんり》の賢木《さかき》」（相生社《あいおいのやしろ》にあるご神木は二本の木が途中からひとつにくっついていて、縁結び、良縁につながる。そしてこの木がいったん朽ちることがあっても、必ず糺の森のなかに後を継ぐ連理の賢木が生まれ、現在は四代目）があります。

また「なんでもヒイラギ」というものもあります。これは下鴨神社内にある摂社・出雲井於神社《いずもいのへの》（二九ページ参照）の境内に木を植えると、どんな木でも葉っぱがヒイラギのようにギザギザのものになるというふしぎです。この神社は別名比良木《ひらき》神社ともいい、この神社に病気快癒を願って実際にそれが叶ったとき植樹をするというならわしがあります。願いが叶った人が植樹をすると、どんな木を植えても必ず葉っぱがヒイラギの葉のようにギザギザになるというのです。

こういったふしぎや七ふしぎはもちろん、下鴨神社だけでなく、いろいろなところにありますね。大正時代には全国の七ふしぎを編纂した書籍も出ていたようです。現代人から見ればそれがどうしてふしぎなのかと思えることもあるかもしれませんが、そもそも一〇〇年、一〇〇〇年と生き残っている神社の存在そのものがふしぎに満ちているといえるのかもしれません。

朝の連続テレビ小説『らんまん』で話題になった牧野富太郎※7とともに共同採集などを行った白井光太郎《みつたろう》※8という学者さんは、全国の神社などに伝わるふしぎな植物を調査された方で、明治一八（一八八五）年と明治四二（一九〇九）年に下鴨神社を訪れ、この「なんでもヒイラギ」を調査しました。その結果を『植物妖異考《しょくぶつよういこう》』という書籍のなかで「下加茂社ノ柊《ひいらぎ》」という題で著しています。

結論からいってしまえば、調査時に植えられていた木は柊南天《ひいらぎなんてん》、柊犀、柊木犀、柊茶梅花《さざんか》、柊茶唐茶、柊葉アラカシなど、つまりは植えられていた木はたくさん種類があるけれど、じつはどれも葉っぱがもともとギザギザになるものであった、ということでした。ただ、白井さんは科学的にみればこういうことですよということをメインにするのではなく、人智をはるかに超えて多様なもの、ありとあらゆるもの

※7　牧野富太郎
（一八六二～一九五七）植物学者。自ら創刊に携わった『植物学雑誌』に、新種ヤマトグサを発表し、日本人として国内ではじめて新種に学名をつける。九四年の生涯において収集した標本は約四〇万枚といわれ、蔵書は約四万五〇〇〇冊を数える。『牧野日本植物図鑑』は研究者や愛好家の必携の書である

※8　白井光太郎
（一八六三～一九三二）日本における植物病理学の開祖で、寄生菌類に明るく、また、本草学者として知られ、収集した本草学文献は白井文庫（国立国会図書館蔵）としてわが国最大のもの。天然記念物制度の制定にも関与した

が出生しているので、神社は信仰を大切にするために、鎮守の森を、境内の自然をしっかりと管理するようにと苦言を呈していたのです。またこの話は白井さんと信仰のあった民俗学の大家である柳田國男[※9]も興味をもっていたようです。ふしぎを否定せずに逆にそれを大事に思うことが大切です。

白井さんが調査されたころは、糺の森などもあまり手をいれず、まさに自然のままに、そして出雲井於神社も同様だったようですが、近年は生態系を大切にしつつ、ほどよく管理されてい

左は下鴨神社摂社である、出雲井於神社。右は新芽は丸くてもやがてギザギザになるお茶の葉

※9　柳田國男
（一八七五〜一九六二）日本の民俗学者。大日本学士院会員、日本芸術院会員、文化功労者、文化勲章受章者。明治四三（一九一〇）年に日本民俗学の嚆矢（こうし）となる『遠野物語』を著した。戦中、戦後においても民俗学の研究を続けた。著作は一〇〇冊を超える

ます。出雲井於神社もすっきりと整備されていて、この神社、お茶にも関係があるので、最近はお茶の老舗「福寿園」からお茶の木が献木されていますが、やはり、このお茶の木の葉っぱも前ページの写真のように葉っぱがギザギザなのです。鴨の七ふしぎは継承されているわけですね。

お神札《ふだ》 おまもり 神社の授与品のお話

旅行などでお土産を買って帰って皆に配る、そのルーツは「伊勢参り」にあるといいます。

昔は誰もがそんなに容易にお伊勢さんへお参りできなかったので、その土地土地で「伊勢講」といって、皆がそれぞれお金を出し合い貯めていき、その集落の代表者が選ばれて伊勢神宮へお参りする。そしてまず、お伊勢さんへお参りしたあかしとして神宮のお神札、日持ちがして皆で分けられるようなもの、たとえば化粧品や薬、そしてお菓子の生姜糖などを求めてもち帰ったのです。

今では神社にかぎらず、全国津々浦々、どこへ行ってもいろいろなお土産が出回っています。ただ、まずはっきり区別したいのは、既述の化粧品やお菓子は神社内でのものではなく、神域の外のお店で販売されていたもので、神社内で求められるのはお土産でなく、「授与品」であるということです。ですから形の上では商売での売り買いではなく、お祓いやご祈禱にいらした方々からの初穂料・志納料に対する返礼ということになります。

授与品の代表的なものがお神札《ふだ》であり、おまもりでしょうか。

お神札は、一般に神社庁に属する神社の場合、神宮の内宮のお神札「神宮大麻《じんぐうたいま》」（天照皇大神）か、それぞれの神社のお神札などで、これらは神棚に飾るか、家に神棚がない場合は目線より高いところ、東か南方向に飾っていただくものです。

下鴨神社では「賀茂皇大神」のお神札と、「水神守護」のお神札、火の用心のお神札などがありますが、年始など参詣のときに、それまで家にあった古いお神札を「返納」し、新しいお神札をいただいてもち帰る、これは大抵の神社に共通するものだと思います。

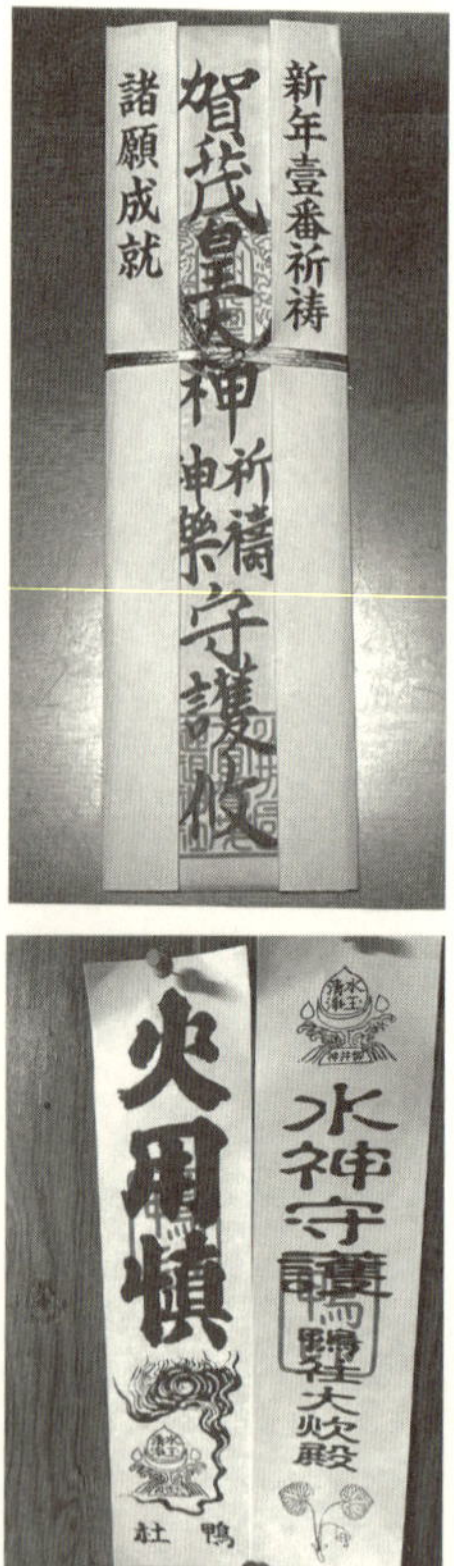

下鴨神社のお神札

その一方で、もうひとつの授与品、おまもりについては最近は各社、それぞれ個性的なものを用意しています。ご高齢の方なら、多少の違いがあってもおまもりはどこの神社も似たり寄ったりと思われているかもしれません。頭の部分が三角に尖った布の袋に「家内安全」とか「学業成就」「商売繁盛」「恋愛成就」「安産」と願い別に用意されているものがお馴染みでしょう。

ただ、たとえば下鴨神社ではそういった古くからあるオーソドックスなおまもりはもちろん、媛《ひめ》おまもりといって一つひとつ袋の模様が違って世界でひとつのオリジナルが選べるものや京友禅の作家さんとコラボしたもの、男性用にデニム生地でつくった彦まもり、あるいは葵の葉や紅葉、星など季節ごとにモチーフ（形）を変えたおまもりなども用意しています。八咫烏《やたがらす》の羽を模したおまもりもあり、正直なところ需要はあるのかなと思っていましたが、御蔭祭のおりの切芝神事[※10]

で、下鴨神社のいわれ、御祭神の賀茂建角身命《かもたけつぬのみのみこと》が八咫烏に化身したことなどをいらした方々に説明したところ、用意していたものがあっという間になくなるほどに、多くの方に関心をもっていただきました。

既述している摂社、連理の賢木の「相生社」あるいは美麗の神様の「河合神社」そして斎王をお祀りする「賀茂斎院歴代斎王神霊社」にもそれぞれのいろいろなおまもりがあります。

またこれは下鴨神社の話ではありませんが、QRコードを読み取り、スマートフォンにその霊力をダウンロードできるおまもりなどというものもあるようです。

おまもりのそもそものルーツは平安時代までさかのぼるといいます。疫病が流行ったときに「蘇民将来之子孫者《そみんしょうらいのしそんのもの》」※11と墨書された小さな呪符《じゅふ》木簡《もっかん》※12を携帯することで、厄難を逃れようとしたのが起源だといわれています。

※10　切芝神事
御蔭祭のなかで斎行される神事のひとつ。糺の森に祭場となる切芝がつくられ、切芝神事では、神馬に乗った荒御魂に向かい、舞楽東游（あずまあそび）が行われる

※11　蘇民将来之子孫者
「蘇民将来」と記した護符は、日本各地の国津神（くにつかみ）系の神（おもにスサノオ）を祀る神社で今も授与され、災厄を払い、疫病を除いて、福を招く神として信仰されている。旅の途中で宿を乞うた武塔神（むとうのかみ）を裕福な弟の巨旦将来（こたんしょうらい）は断り、貧しい兄の蘇民将来は粗末ながらもてなした。のちに再訪した武塔神は蘇民将来の娘に茅

また戦国時代には武将が甲冑《かっちゅう》などにやはり小さなお神札を縫い付けておいて武運を願ったといい、これもおまもりと考えて良いかもしれません。今のように小さな袋にお神札が入っているという形になったのは江戸時代ぐらいからともいわれています。

　もともとはおまもりもお神札と同じものですか

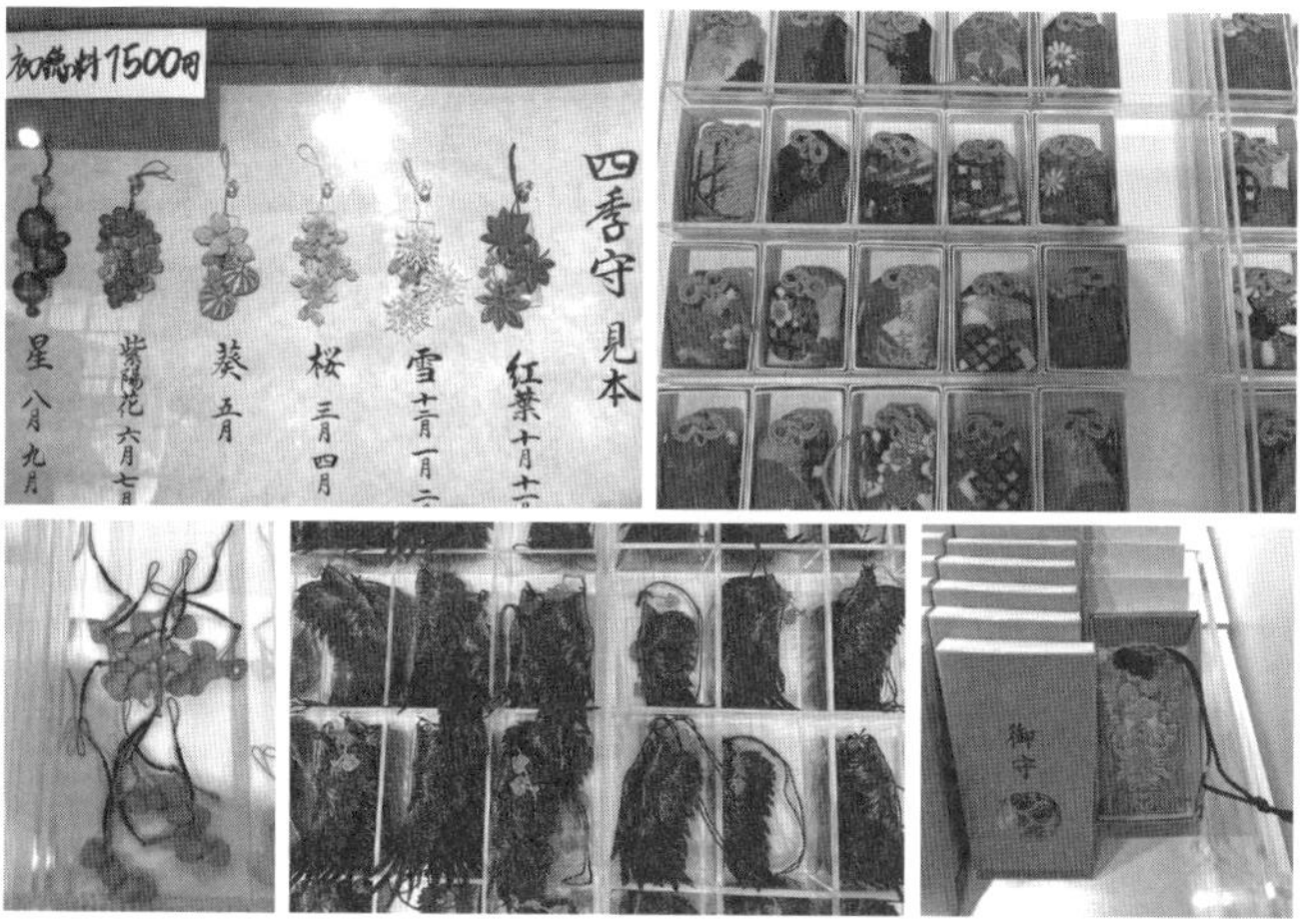

右上から時計回りで、媛まもり、インスタグラムなどでも話題になった京友禅のレースのおまもり、八咫烏おまもり、双葉葵をモチーフにしたおまもり、季節のおまもり一覧

の輪を付けさせ、蘇民将来の娘を除いて弟の一族を滅ぼした。武塔神はみずから「スサノオ」と正体を名乗り、以後、茅の輪を付けていれば疫病を避けることができると教えたとする神話が起源

※12　**呪符木簡**　短冊状の細長い木の板である木簡に呪符（宗教的教義に則した絵、記号、図形、文字）などを描いたもの

ら、業者さんがつくられたものにいのちを吹き込む、つまり、必ず御祈禱を済ませたものをお授けしています。ですからお神札と同じように願いが叶ったとき、あるいは一年を目安に神社にお返しするというのが、古来からのあり方ですが、近年は授与された方のご判断におまかせする考えに変わりつつあります。おまもりをコレクションしてSNSで発表したり、本にまとめられた方もいらっしゃるようです。

変えてはいけないもの（守らないといけないもの）と、変えることをいとわないもの、そのメリハリが大切で、お神札などは前者、変えてはいけないもののひとつですが、時代などによってフレキシブルに変えていく、変わってきたものがおまもりといえるのかもしれません（とはいえ、おまもりも姿・形は変わっていても、そこに神様が宿っているということにおいては、なんら変わるものではありません）。

破魔矢・絵馬の新しいかたち

神社の授与品として、そのほかに「破魔矢」や「絵馬」もあります。破魔矢は、魔除けをするための矢のこと。正月の縁起物として神社で授与されるほかにも男の子の初節句に贈ったり、新築の家の棟上式に立てたりする習わしも残っています。

矢には魔を祓う力があると信じられ、各地に弓を射る祭礼がみられます。年占《としうら》と呼ばれる神事があり、これはその年の作柄や漁の豊凶、年間の毎月の天候などを占うものです。弓矢をもった子供たちの前に藁縄《わらなわ》でつくった直径一尺くらいの的を投げ、中央を射抜かせるというものが代表的。この弓矢を子供の成長のまじないとしてもち帰ったのが縁起物としての破魔矢のはじまりだといわれ、正月の縁起物として初詣で授与されるようになりました。

ですので、神社の授与品としては初詣のときにかぎられるところが多いのですが、下鴨神社には年占の神事所以《ゆえん》以外にも、もともと御祭神の玉依媛命が丹塗りの矢を拾ったことでご懐妊されたという伝承が残っていたり、また葵祭りの前日には流鏑馬《やぶさめ》といって矢で的を射抜く神事があったり、また八月にも「矢取神事」が行われたり、「矢」が重要な意味をもつことが多いこともあり、お正月以外でも御祈禱を申し込まれた方には少しコンパクトな破魔矢を授与しています。なお、

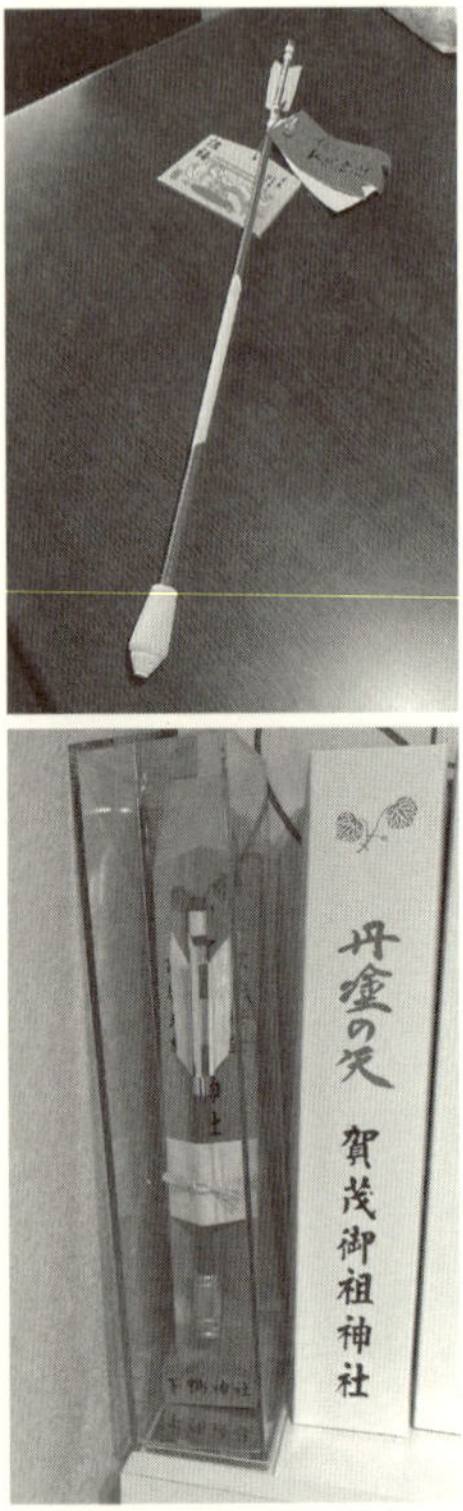

下鴨神社の破魔矢　お正月用（上）、お正月以外もコンパクトになったものが授与される

破魔矢の先が鋭く尖っていないのは、人や物を射るのではなく、邪の気を祓うためだからです。

また絵馬についても、記念にもち帰る方もおられますが、もともと絵馬は願いを書いて奉納するものです。最近では絵馬が注目され、とくに有名人が奉納した絵馬がインスタグラムなどで紹介されて話題になることもあり、イラストレーター、アニメーターとコラボした独自

下鴨神社にもいろいろな絵馬がある。187ページで説明しているように干支の神様もおられるので、各々の干支の絵馬もあり（上)、（中）は摂社・雑太社（さわたしゃ）（下）のラグビーボールをかたどった絵馬

の絵馬をご用意されているところもあるようです。

古代、神様は神馬《しんめ》という馬に乗って人間世界にやってくると考えられていて、神事においては生きた馬・白馬を献上するところもありました。その生きた馬にかわって絵馬を奉納することで祈願するというわけです。

かつてはだれの願いごとか、神様がわかるように住所や名前を書くのが一般的でした。そしてその絵馬がだれもが見えるところに奉納されていることで、どんな人がどんなお願いをしているかを微笑ましく眺める人も少なからず見られましたが、最近は個人情報保護という観点から、住所は詳しく書かないようお願いをしています。あるいは住所や名前を隠せるようなシールをお渡しししています。

おみくじは神様の声 結果に一喜一憂しない

神社をお参りしたときはおみくじを引くのが楽しみという方も少なくありません。前々項で全国にさまざまおまもりがあることを記しましたが、おみくじも同様にオリジナルを用意しているところが多いようです。

たとえば埼玉県にある川越《かわごえ》氷川《ひかわ》神社は縁結びで知られる神社で、ここで引くことのできるのが「あい鯛《たい》みくじ」。鯛の置き物を釣り竿で釣り上げると、尻尾のところにおみくじが付いています（ちなみに、縁結びは恋愛だけでなく、家族や友人、仕事などすべての縁のことです）。

京都でいえば石清水八幡宮《いわしみずはちまんぐう》※13には「鳩《はと》みくじ」と呼ばれるおみくじがあります。八幡宮の神様の使いとされる「鳩」の置き物におみくじが

※13 石清水八幡宮
平安前期の貞観年間大安寺僧の行教が宇佐神宮（うさじんぐう、大分県宇佐市）から勧請した神社で京都の南南西の男山山上に鎮座されている。宇佐神宮、筥崎宮（はこざきぐう、福岡市東区）または鶴岡八幡宮（つるがおかはちまんぐう、神奈川県鎌倉市）とともに日本三大八幡宮のひとつ

付いていて、置き物ごとおみくじを選びます。このおみくじには、全国でも珍しい「平《たいら》」や「未分《いまだわかれず》」という運勢が出てきます。「平」は運気が安定している状態、「未分」はこれからの行動で、吉にも凶にもなるという状態を指すものです。

京都市内の市比賣《いちひめ》神社[※14]の「姫みくじ」は手のひらにちょこんと乗る小さなお人形（だるまのようなころんとしたかわいいシルエット）のおみくじです。また鳥居が黄金色に輝く御金《みかね》神社[※15]には「大大吉」もある御金みくじというのもあり、なかに金の縁起物も入っています。

恋愛、開運、干支など複数のおみくじを用意している神社もたくさんあり、下鴨神社にも摂社・末社にさまざまなおみくじがあります。そのひとつが「水みくじ」。四七ページなどでも紹介している井上社（御手洗社）のおみくじで、選んだおみくじを御手洗池に浮かばせる（池の水に浸す）と次ページ写真右のように文字が浮かび上がってく

※14　市比賣神社
「女人厄除け」の神社として有名。歴代皇后の御崇敬が篤く、現在も「皇后陛下勅願所」。「五十日百日之祝」（いかももかのいわい）は生後五十日目か百日目に当社より「五十顆之餅」を授かり健やかな成長を祈り子供の口に含ませるもので、現在のお食い初めの発祥といわれる

※15　御金神社
二条城や御所にほど近い街の中心部にて、金属と鉱物の守り神である「金山毘古命（かなやまひこのみこと）」を祀る神社。鳥居が金色に輝いている

るものです。

　また縁結びの相生社でご用意しているおみくじは下鴨神社が登場する『源氏物語』を題材にしたもので、女性用、男性用に分かれていて詠《よ》まれた和歌から吉凶を占うものです。その形から本の栞《しおり》とする方もいるようです。

　おみくじの吉凶は一般的には次の七種類が主流となっています。

「大吉、吉、中吉、小吉、末吉、凶、大凶」。あるいは「大吉、吉、中吉、小吉、半吉、末吉、末小吉、凶、小凶、半凶、末凶、大凶」と一二種類のところもあるようです。

相生社のおみくじ

水みくじ

「大吉がいちばん上の良いもので、大凶がいちばん悪いものだ」とどうしても考えてしまいがちで、なかには大吉が出るまで何度もおみくじを引くという方もいるようです。

しかし、おみくじはお菓子のおまけやおもちゃのガチャガチャなどのようにお目当てを探すというものではありません。吉凶の結果ばかりを気にしてはもったいないです。

大吉を引けば必ず良い運勢が待っている、大凶だから悪いことが起きるということではないのです。また「大吉」のなかにもすべてが良いように運ぶという意味の「大吉」もあれば、全力で取り組んだものが良い結果につながるという意味の「大吉」もあるので、おみくじの内容をしっかり読んで、そこに書かれたことから対処法を学んだり、今後の指針にしたりすることが大切です。

おみくじの起源は村や集落全体で神様の意見を知るために行った

「占い」です。小正月などにその年の作柄や天候を占う粥占神事《かゆうらしんじ》※16などが残っているところも少なくありません。古くは神様の声を聞くための手段だったものが、江戸時代、神様や仏様の教えをわかりやすく書いたおみくじへと変化していきました。次第にアドバイス的な要素も出てきて、今のようなおみくじのスタイルになったといわれています。神様の声を聞くというのが本来の趣旨ですから、神社に出向いて鳥居をくぐってすぐにというのではなく、きちんとお参りをしたあとでおみくじを引くことが肝要。そして叶えたい願いや目標を心にもちながら引くことが大事です。神様に願いごとや目標をきちんと伝えてからでないと、おみくじを通じて神様の意見を聞くことができないというわけです。

そして読み終わったおみくじですが、もち帰るほうがいいのか、境内に結ぶべきか？　じつは「こうすれば良い」という決まりはありりま

※16　粥占神事
その年の吉凶を占う行事のひとつ。鍋などで粥と細い竹や茅（かや）などを煮て、柳などの枝で粥をかきまわし付着した米粒の量などで占うもの。そのほか境内に自生する茗荷（みょうが）や筍（たけのこ）の育ち具合で豊作かどうかを占う神事が現存する地域もある

せん（神社によってさまざまな見解があります）。

おみくじを枝に結ぶという行為には木がもつ生命力と自分の願いを結びつけるという意味があります。ただ、むやみに境内の木々に結びつけてしまうと木々を傷め、景観を乱してしまいます。「おみくじ結び所」が指定されている場合には、必ず指定された場所で結ぶようにしましょう。

年初めに引いたおみくじをもち帰る場合、一年間は大切に保管するという考えもあります。保管の方法はバッグや財布に入れたり、机に保管したりするのが一般的ですが、最近は、おみくじを入れてもち歩くための、おみくじ入れも人気です。

ちなみに神宮（伊勢神宮）にはおみくじがありません。お伊勢さんにお参りできる（できた）こと、それ自体が「大吉」ということです。ですから、同様に各神社もお参りしたことで、すでに良いこと、ご利益を得ていると考え、繰り返しになりますが、おみくじは吉凶に一喜一憂するのものではなく、そこから指針を得るものと考えましょう。

神社に行って「いろいろな音」に出合おう

京都市内にお住まいの方で、高校生や大学生のお孫さんが東京から遊びにやってくるときは、毎回、ひとつのテーマを決めて京都を案内するという方がおられます。あるときは「音」で京都を紹介するんですとおっしゃっていました。鐘の音、水琴窟《すいきんくつ》の音、川のせせらぎの音、あるいはお茶をたてる音、あるいは花街の三味線の音……たしかにいろいろな音がありますが、下鴨神社だけにかぎってみてもじつはたくさんの音に出合えます。

『増補　平安京 音の宇宙　サウンドスケープへの旅』（中川真著　平凡社ライブラリー）という書籍がありますが、そのプロローグ「時の風景」のなかで、下鴨神社の糺の森のことが紹介されていましたので、少し長くなりますが引用します。

（前略）ここを初夏に歩くと本当に気持ちがよい。Y字の合流点から神社の社殿をめざして北上すると、すぐに森に入る。鬱蒼という形容からはほど遠く樹間から日差しがこぼれ落ちるように明るい。いよいよ古代空間へのタイムスリップである。自然のなかにわけ入ると動物的な感覚が蘇る。音や光、匂いに敏感になる。葉ずれの音が風の強さに応じて幾重にも層をなし、身体へ快い波動を伝えてくる。鳥の声は地上の繁みからくぐもるように、あるいは鋭く上空を横切って聞こえてくる。森を流れる小川（泉川）は、岸辺の草むらにひっかかりながら、樹林の基調となる音を静かに響かせている。水をすくうと、冷たい刺激が手のひらに走る……。

森は私達の生命感覚を回復させてくれる。たとえば聴覚。自然環境が騒音に痛めつけられた耳を癒すのに効果的であるのは、その静けさによるのではなく、ひとつひとつの音が鮮明に分離して聴こえるからである。森は意外に賑やかである。耳はそれを聴き分けようと、眠っていた聴能力を揺り起こす。私はこの森の内部にいて、古代の人々の聴覚の風景に思いを馳せていた。

森に広がる主要な音は自然、わけても鳥の声である。糺森には年間を通じて約四〇種あまりの鳥類が現れる。私が歩いた初夏にはシジュウカラの〈ツピツピ〉という声と、ヒヨドリの〈ピーピー〉という声が印象的であった。

（中略）

だが森のなかに入ってしばらく経っただろうか、私は思わぬ事態にたじろぐことになった。初めは快かった森の音が、なぜかうるさく感じられ始めたのである。そんなはずはないと思いながら歩く。頭上の樹々にもうっすら息苦しさを覚え始める。わずか数分の散策なのに、私は森の濃密な気配に酔ったようである。慣れぬことを急にするからである。ようやく下鴨神社の朱塗りの大鳥居にたどり着いた。突然ぽっかりと広い空間が現れる。鳥居と社殿の間の楕円形の広場。森から出てきた者にとっては、眩いばかりの白い空間。身体は樹林から解放された身軽さに、舞いあがりそうである。森の賑やかな音は消え、遠くから微かに街の音が聞こえてくる。異界からのささやきのように空気が振動している。ふと、空を見上げる。太陽の光が燦々と降りそそいでいる。

ひょっとしたら、と思い始めた。先ほどの森は、この晴れやかな空間に至るためのひとつのプロセスではないか。そしてこの広場こそ聖なる空間として、古代の人々が太陽を祭神として仰いだ、まつりの場の跡形なのではないかと、広場を巨大なパラボラアンテナとして太陽の光を受け、遥かかなたからの音に耳を澄ましていた古代の人々の姿を、私は瞼の裏に想起した。

じつはこのあとにもまだ文章が続き、著者は今度は冬に糺の森を訪れ、その印象が激変していることにも驚き感銘を受けます。

森の葉っぱはほとんど抜け落ちている。参道そのものはほとんどが落葉樹だけれど、じつは神社本体と鳥居周辺を囲むところには常緑広葉樹が密生している。冬でも聖域に入るときには直前でいったん常緑樹の暗い森をくぐり抜けなければならない、暗がりから明るい世界へのダイナミックな移行に「この森には想像力をかきたてるものがある」と記しています。

想像力をかきたてるということでは、俳優であり、アート関係に造詣が深い井浦新《あらた》さんが※17、冊子「葵祭」（平成二五〔二〇一三〕年）に、

（前略）京都に来たら必ずといっていいほどこの森を訪れますが、大抵は草木も眠る丑三つ時。闇に包まれた真夜中の森は怖いほどで、気持ちが乱れていれば恐怖になり、気持ちを保つことができれば森の精たちと対峙できる、ある種の修業めいた緊張感が全身を満たします。その緊張を維持しながら森で過ごして朝を待つ、そんな時間をとても大切にしています。夜から朝までの時の流れに呼応するように神の魂が新しく生まれ、森の草木はじめ、生きるものすべての命が再生するような気持ちになるからです。（後略）

※17 井浦新
昭和四九（一九七九）年生まれ。俳優。NHK Eテレの『日曜美術館』の司会を長く務めた。下鴨神社の冊子などには井浦氏のほかにも、たくさんの俳優、映画監督などにご登場いただいている

という文章を寄せられていました。

下鴨神社ほど広大な森をもたなくても、自然のいろいろな音、そして、玉砂利を踏みしめる音、鈴の音、祝詞《のりと》※18……神社では、日常の暮らしのなかではふだんあまり目にしないものを見ることができ、ふだんあまり耳にしない音を聞くことができるのです。

単なる異空間ではない、神社という、いわば神様が鎮座まします場所だからこそ、体験できることでしょう。

下鴨神社に広がる糺の森は東京ドーム3個分

※18 祝詞
祭典に奉仕する神職が神様に奏上する言葉のこと。「延喜式（えんぎしき）」という律令の施行細則をまとめた法典には、現存する最古のものとして「朝廷の祭儀に関わる二七編の祝詞」が収録されており、現在でも重視されている

下鴨さんとみたらし団子 神社とお菓子のお話

下鴨神社ゆかりのお菓子があります。

そのひとつが「みたらし団子」。みたらし団子は、どこにでもあるお馴染みのお団子ですが、じつは下鴨神社の御手洗池がルーツです。四八ページなどですでに説明していますが、鴨の七ふしぎのひとつとして、この御手洗池はふだんあまり水量が多くないのに、夏の神事が近づくと、ふしぎなことに水が湧き出てきていっぱいになります。この湧き水の水泡をかたどったのが「みたらし団子」なのです。

お団子は五つ。ひとつ目の団子だけが少し離れていますが、これは後醍醐《ごだいご》天皇が行幸の際、御手洗池で水をすくおうとしたところ、まずひとつ大きな泡が出て、続いて四つの泡が出てきたからだといいます。

あるいは人を表していて、ひとつ離れた団子が頭、残り四つが手、足だともいわれています。このみたらし団子は下鴨神社そばの「加茂みたらし茶屋」でお土産にしたり、その場で食べたりできます。

そして、もうひとつのお菓子が「申《さる》餅」です。

こちらは下鴨神社の参道にある「休憩処さるや」でいただけます。

もともと「さるや」は江戸時代に刊行された『出来齋京土産《できさいきょうみやげ》』※19に載っている「さるや」を復元したもので、じつは世界遺産のなかに新しい建物をつくるのは難しいのですが、か

申餅と黒豆茶（左）とみたらし団子（右）

※19「出来齋京土産」
江戸時代に書かれた風流本「名所案内記」。出来齋坊（できさいぼう）という庄屋の息子が京をめぐり各所で下手な狂歌を吟じるもの

つてあったということを証明することで復元できたものです。

葵祭は明治以降五月一五日に開催となりましたが、それまでは旧暦四月の酉《とり》の日に催行されていました。「申餅」はその前の日、申の日に、小豆の茹で汁などで色をつけたお餅が神前に供されたもので、ほんのりと、はねず色に輝くこのお餅を「葵祭の申餅」と呼んでいたようです。はねず色とは、明け方の一瞬、空面が薄あかね色に染まる様子で、いのちの生まれる瞬間を表すとされています。神饌《しんせん》※20のこの申餅を食べることで身体を清め、元気の気をいただき、無事息災に過ごせるようにとお祈りしたものです。

神事には神饌は欠かせないもので、神社内でその技術を伝承してきたのですが、明治時代になりそれまで神事、祭事に関わっていた社家がなくなったことで、技術の伝承が難しくなりました。それで、今は下鴨神社のそばにある「宝泉堂」にお願いをしています。

※20 神饌
一般に「おさがり」のことを撤饌（てっせん）、神饌（みけ）と呼ぶが下鴨神社では、神饌と書いて「しんせん」と呼んでいる。神様への捧げもの、あるいは神様のあまりものなどの意味。また下鴨神社の御供えは必ず一膳分を予備として準備。それを「用膳（ようぜん）」と呼んでいる。その用膳は、神様のものであり、人々のものであり、鳥や動物のものである

この下鴨神社境内の「さるや」もこの宝泉堂に運営をお願いしていて、こういったご縁で江戸時代まであった「申餅」を一四〇年ぶりに復活させることができました。「さるや」では「申餅」だけでなく、下鴨の歴史にちなんださまざまなお菓子も季節ごとに登場しています。

下鴨神社だけでなく、有名な神社仏閣のそばにはおいしい甘味処があります。上賀茂神社にはやきもちで有名な「神馬堂」、今宮神社の「かざりや」のあぶり餅、松尾大社に「松楽」、八坂神社のそばには「鍵善」や「甘水堂」……、もちろん京都だけでなく、まず有名なのは伊勢神宮の「赤福」、熱田神宮の「きよめ餅総本家」、太宰府《だざいふ》天満宮にも宇佐神宮にも出雲大社のそばにもおいしい和菓子のお店はあります。

神社は縁をつなげる、縁を結ぶところでもあります。口にすればほっこりする、思わず笑顔になる。そんなお菓子を通して、新たな良いご縁も生まれていくとうれしいですね。

―コラム4―

下鴨さんと『有頂天家族』

『有頂天家族』をご存じでしょうか?

森見登美彦さんの小説で下鴨神社が舞台になった作品です。下鴨神社の糺の森に暮らす狸《たぬき》の下鴨家を中心に、狸・人間・天狗を描いた奇想天外なストーリー。二部作の第一部が平成一九(二〇〇七)年に幻冬舎から発刊され、平成二七(二〇一五)年には第二部の『有頂天家族 二代目の帰朝』も発売、第三弾も今後出版されるようです。小説をテレビアニメ化したものも大人気で、令和六(二〇二四)年春にはアニメ化一〇年を記念して「有頂天家族の日」を制定するイベントが行われたほどです。

そして文学、小説の舞台といえば、『源氏物語』『枕草子』『徒然草』『方丈記』をはじめ、文人、歌人、俳人、いろいろな方が、下鴨神社の神事や糺の森のことを題材に書いたり、歌ったり詠んだりしていることは既述していますが、じつはそのほかにも、文豪と呼ばれる夏目漱石や谷崎潤一郎、川端康成なども下鴨にゆかりがあるのです。

漱石は明治四〇(一九〇七)年に糺の森近くに住む友人を訪ねます。京都駅から人力車に乗って京のまちなかを抜け、賀茂川の橋をわたって下鴨に着いたときの模様を『京に着ける夕』という短編にしています。

谷崎潤一郎は下鴨神社の近くの屋敷に「潺湲《せんかん》亭《てい》」という名前をつけて七年間暮らしました。

『新訳源氏物語』『鴨東綺譚《おうとうきだん》』『鍵』などがその下鴨時代の作品です。また下鴨から熱海に移ってからですが、「潺湲亭」を舞台にした『夢の浮橋』という作品を発表。この作品の主人公が「糺」ということからも、谷崎が下鴨の地、糺の森などをいかに愛したかがわかるでしょう。

　川端康成も京都を舞台にした『古都』を書いているのですが、昭和三六（一九六一）年から昭和三七（一九六二）年にかけて下鴨に暮らしており、庭のもみじの古木から双子の姉妹を連想して『古都』を着想したといわれています。

　こんなふうに下鴨神社を中心としたこの地域は作家の創造力、想像力を奮い立たせる力があるわけであり、同時に、作家の作品を通して多くの人に下鴨という土地への興味をもってもらえるわけです。

　実際、アニメの『有頂天家族』を観たことで下鴨神社をはじめて訪れるという若い方も多いです。さまざまなことをきっかけに下鴨神社への理解を深めていっていただければと願います。

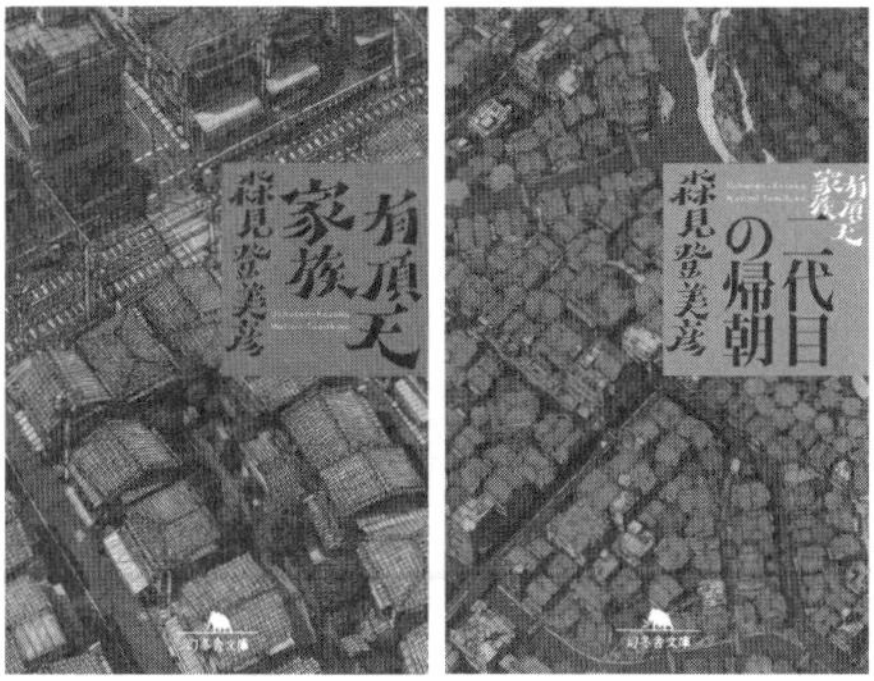

『有頂天家族』（左）と『有頂天家族　二代目の帰朝』（右）
（ともに幻冬舎文庫）

第五章

下鴨さんと「神社の一年」

神社の神事・祭事のほとんどは農耕、自然の移ろいと関連しています。

1年を24と72の季節に分け、それぞれに美しい名前がつけられた「二十四節気　七十二候」ともつながっているのです。ここでは月ごとに下鴨神社で行われている神事・祭事、そしてイベントなどを紹介していきます。下鴨さんを通して日本の伝統行事を見直していきましょう。

一月　睦月《むつき》

二十四節気※1

小寒（一月六日）
大寒（一月二〇日）

❖歳旦祭《さいたんさい》 ❖初詣《はつもうで》

元旦の神事・祭事について、新木直人宮司《ぐうじ》のブログから紹介しましょう。

下鴨神社では、午前六時から、新年初の神事祭事が始まります。約三時間かかる祭事です。祭事の途中、白々と夜の明け行く空を見つつお祭ごとを勤めております。明け方の特に冷えびえとしたなかで一年、最初のお祭です。今年の初日は、特に神々しい日の出でし

※1　二十四節気
一年を二十四等分して半月ごとの季節の変化を示した言葉。二十四節気それぞれの日付はすべて二〇二四年のもの。年によって前後する

た。

お祭は、御薬酒―お薬を先ず、御供えします。その次ぎが、重要文化財の御井《みい》（井戸のこと）から、ツルベで汲みあげた若水を御供えいたします。その次ぎが天皇陛下からの御供えです。その次ぎが宮中でちょうどこの時間帯におこなわれる四方拝[※2]にお応えする御本宮をはじめ摂社各社への奉幣[※3]をおこないます。

その続きに、光仁天皇は、天応元年（七八一）四月二十日より、布衣《ほい》（装束の名称）を着け、笏《しゃく》（古くは牙笏《げしゃく》、象牙や水牛の牙製のもの。延喜式以降今日までは木製。威儀を整えるため右手に捧持するもの）を持し祭儀をおこなうよう定められましたので、布衣のまま千三百年間かわらずに一年最初のお祭である歳旦祭を奉仕します。

（二〇一九年一月二日付）

※2 四方拝
毎年元旦に宮中の庭で天皇が天地四方の神祇を拝する儀式。四方を拝し、年災消滅、五穀豊穣を祈る宮中祭祀

※3 奉幣
神に幣帛（へいはく）を捧げること

元旦に行われる歳旦祭とは年頭にあたり、我が国の隆盛と皇室、国民の栄誉を祈願するものです。奉幣祝詞、献幣《けんぺい》祝詞※4、神酒《みき》祝詞、若水祝詞、神饌《しんせん》祝詞、朝御料《あさげりょう》（あさごはん）祝詞、夕御料《ゆうげりょう》（ゆうごはん）祝詞との神事、祭事の総称です。一日のうち何度も立ち座り、祝詞を奉ずる例年三〜四時間は、要する祭事です。なかなか一般の方の目に触れることはない、新年の祭事のことがうかがわれます。

歳旦祭

そして一般にお正月といえば「初詣」でしょうか。元旦、ないしは三が日に著名な神社にお参りする習慣。これはじつは、それほど古い

※4 献幣
例祭には神社本庁幣（幣帛料）を供える。これを献幣と呼ぶ

ものではないようです。『プレステップ神道学』（阪本是丸・石井研士編　弘文堂）のなかで初詣について以下の記述があります。

大みそかから元日にかけ、人々はそれぞれの家庭でお正月を迎え、家々に氏神様に詣でるのが一般的な姿でした。近世の頃から大みそかの夜、寺社の近くに泊まり、元日には参詣する寺社参籠や、その年の良いといわれる方角の寺社に参拝する恵方参りという習慣が、江戸などの都市部で次第に盛んになっていきました。その流れを受けつつ、近代以降、都市化や鉄道などの交通機関の発達も重なって、元日の著名神社への初詣は次第に日本人の間に定着するようになったのです。

恵方といえば最近では二月の節分の恵方巻きが有名になりました。

恵方とは陰陽道にもとづくもので、幸運をもたらせる方角のことで、「恵方参り」というものがあるのです。

また全国にある「七福神めぐり」[※5]。恵比寿天、大黒天、毘沙門《びしゃもん》天、弁財天、福禄寿《ふくろくじゅ》、寿老人《じゅろうじん》、布袋尊《ほていそん》の七福神が宝船に乗った絵を、正月一日に枕の下に入れて寝ると幸運が訪れるといわれる七福神信仰は、京都で室町ごろからはじまり全国に広まったといわれます。

信仰そのものは変わらずとも、お正月のお参りの仕方も多様で、時代によっても変化していることがわかります。

❖一月の下鴨神社のほかの神事・祭事

一月四日　**けまりはじめ**

古式ゆかしい蹴鞠《しゅうきく》（けまり）[※6]が奉納されます。木々の緑と朱塗りの門の前で平安時代の華麗な装束が、ときには素早く、ときにはゆった

※5　七福神めぐり
七福神のうち恵比寿天だけが日本古来の神様。大黒天、毘沙門天、弁財天はインドの神様、福禄寿、寿老人、布袋尊は中国の神様である。最初は大黒天と恵比寿天が「二福神」として盛んに祀られた。室町時代に入り禅と茶道の隆盛に伴い、竹林の七賢人などの絵が人気を呼び、七賢になぞらえて五人の神様を追加して七福神になったといわれている

※6　蹴鞠
蹴鞠はもともとは中国、殷（いん）の時代の雨乞いの儀式だったと伝わる。飛鳥時代に大陸から伝わり『日

りと動く。右足だけで膝を伸ばしたまま一定の高さになるよう蹴り上げるから、動作が優美に見えるのです。

一月一五日　御粥祭《おかゆ》（御戸開神事）

一月一五日は小正月。「松の内」とも呼ばれる正月の期間もこの日までです。かつては元服の儀式を小正月に行っていたため、長らく成人の日は一月一五日とされていました（現在は一月の第二月曜日）。

下鴨神社では御粥祭が行われ小豆粥・大豆粥を神前に供え、国家国民の安泰を祈願します。御粥祭では、鏡開きの日に開かれたお餅を使った小豆粥が参拝者にもふるまわれます。

本書紀』には、皇極三（六四四）年、奈良法興寺（現・飛鳥寺）の蹴鞠で、中大兄皇子（なかのおおえのおうじ）が藤原鎌足（ふじわらのかまたり）と出会い、大化の改新のきっかけとなったとある

二月　如月《きさらぎ》

二十四節気

立春（二月四日）
雨水《うすい》（二月一九日）

❖節分祭

こちらもまずは節分について新木宮司のブログをご紹介。

節分は、暦のうえの問題で旧暦（太陰太陽暦のこと）の時代、日本の季節、春夏秋冬の四つの季節を暦のうえに表しているのは、立春、立夏、立秋、立冬としています。したがって、節分は、一年間に四回あります。それゆえ、春から夏にわたる前日も節分、と呼んでいます。

その節分の日は、御祓いの日です。過ぎ去った節の日々に感謝し、次ぎに来る新しい節も無事息災であるように、と願いをこめ御祓いをします。下鴨神社の場合、今年の春の節分二月二日の御祓いは、梓弓《あずさゆみ》の弦をとどろかせて御祓いします。立夏の節分五月四日は、夏の衣に更えるお祭をして、人形《ひとがた》を御手洗川に流し御祓いをします。立秋の節分八月六日は、裸男が齋矢《いみや》をうばいあって御祓いをします。立冬の節分には、庭火《にわび》を焚き御祓いをします。春と秋は、弓矢によって、夏と冬は、水と火によって解除《げじょ》（鴨神道の言う御祓いのこと）することが永年の伝統です。（二〇二一年一月二四日付）

節分というと二月三日の豆まきや恵方巻きなどを思い浮かべる方も多いのですが、じつは季節ごとにあるのです。そして二月の弓で的を射抜く下鴨神社の節分祭は、午前中の神事、古神札焼納式、そして午後からの追儺弓《ついなゆみ》神事、豆まきという流れで進んで行きます。豆まきの前にまずは弓で「オニ」を祓うべく弓矢が放たれるのです。

なおオニは一般には鬼を思い浮かべますが、隠《おん》がオニに変化したともいわれます。隠れて見えないよくわからないものがオニ。下鴨神社の節分には、いわゆる「鬼」は登場しません。

❖二月の下鴨神社のほかの神事・祭事

二月一一日　紀元祭※7

二月一七日　祈年祭※8

二月二三日　天長祭※9

※7　紀元祭
かつては紀元節といわれ、初代天皇である神武天皇が橿原宮（かしはらのみや）において即位されたことを奉祝する日

※8　祈年祭
立春を過ぎ、雨水間近の二月一七日は春の耕作はじめにあたり五穀豊穣を祈願する祭典で「としごいのまつり」とも呼ばれる祈年祭が、宮中や全国の神社で行われる

※9　天長祭
今上天皇の御誕生日をお祝いして、天皇陛下の御長寿、皇室の安泰ならびに国民の安寧と弥栄（いやさか）をお祈りする祭典

三月　弥生《やよい》

二十四節気
啓蟄《けいちつ》（三月五日）
春分（三月二〇日）

流し雛《びな》

三月三日は上巳《じょうし》の節句で、これは三月のはじめの巳の日という意味ですが、のちに三日に固定され、ちょうど桃の季節なので、今は桃の節句、ひな祭りという名で親しまれています。

人形《ひとがた》と呼ぶ紙や藁《わら》でつくった人形に、自分の災厄を移して海や川に流した祓いの行事と、平安時代にはじまるお人形遊び（ひいな遊び）が、長い間に結びついたのが、現在の「ひな祭り」といわれています。

下鴨神社の流し雛は「桟俵《さんだわら》」と呼ばれる籠に乗せた和紙でつくった

夫婦雛《みょうとびな》を御手洗川《みたらしがわ》に流し、子供たちの無病息災を祈る神事です。水は穢《けが》れを洗い流すもので、とくに下鴨神社の御手洗川は葵祭の斎王代禊《みそぎ》の儀※10や足つけ神事でも穢れを払う川として古くから信仰を集めています。そしてこの神事、祭事にはコロナ禍を除いて、花街の舞妓さん、芸妓さんも参加され、とても華やいだものになっています。

ところで、ライフスタイルの変化などもあり、古くからのひな人形を飾らなくなった、飾るスペースがなくなったということで、お人形を寺社に預けるケースも多くなり、それらをまとめて展示するというよう

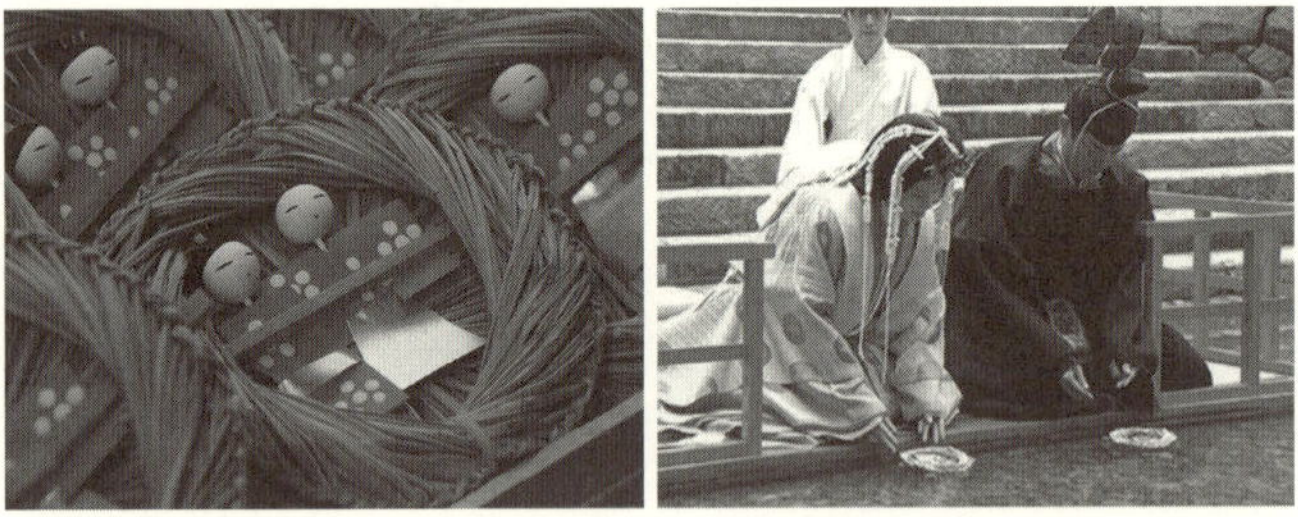

桟俵に乗せた流し雛（左）と平安装束をまとったお内裏さま（右）

※10　斎王代禊の儀
葵祭の斎王代と女人列に参加する五〇人ほどの女性が身を清める神事。上賀茂神社と隔年で行われる

な試みが全国で行われているようです。またお孫さんなどに新たに贈られるひな人形も小さなサイズ、扱いやすいことを優先したものが多いようです。

京人形の老舗《しにせ》のご主人によると、昔は連獅子《れんじし》だったり、市松人形だったり、さまざまな人形の注文を受けたが、今はかろうじておひな様の需要があるだけだとのこと。かつては「もらって困る贈り物ランキングの一位が人形だったけれど、今はそのランキングにも出てこなくなった」そうです。かつては引っ越し祝いであるとか、会社の創業記念であるとか、人形を贈る風習がありましたが、今はたしかに企業の応接室などに通されても、絵や陶器などは飾られていますが、人形を見ることは少なくなりました。

下鴨神社には八咫烏《やたがらす》が先導する神武天皇の五月人形などがありますが、この人形を新たにつくってほしいと願っても、衣装とか武具、調度品をつくる人を探すところからはじめないといけないそうです。

昔の作品は見ることができても、その技術の伝承が難しい。これはほかの場面でも起こっていることですが、この流し雛の祭事も京人形商工業協働組合のご協力を得て行っています。時代は変わっても京人形の伝統がこれからもなにかしら良い形でつながっていくことを願うものです。

❖三月の下鴨神社のほかの神事・祭事

三月七日　**三井神社例祭**※11〔摂社のまつり〕

春分の日　**春季皇霊祭遥拝式**

※11 三井神社
本殿の西隣りに祀られている神社。『山（背）城国風土記』にも登場する古社。御祭神は賀茂建角身命（かもたけつぬみのみこと）、伊賀古夜日賣命（いかこやひめのみこと）、玉依媛命（たまよりひめのみこと）の三柱

四月　卯月《うづき》

二十四節気
清明《せいめい》（四月四日）
穀雨《こくう》（四月一九日）

糺の森市民植樹祭

下鴨神社でお配りしている案内書に年中祭事を紹介しているのですが、ここには四月のものが記載されていません。といっても四月に行事がないのではありません。この案内書は修学旅行や観光などではじめて来られた方向けなので、わかりやすいものをご紹介しているからだけで、基本的に毎月一日は月次奉幣祭ならびに月次祭を奉仕しています。これは月のはじまりにあたって、賀茂御祖皇大御神に皇室の弥栄と国家国民の平安をお祈り申し上げる祭りです。毎日の御日供《おにっく》（お食事）をいっそう丁寧にしたものです。

四月はいわゆる年度はじめでもありますので、就職、進学、あるいは昇進、昇格といった変化が起こる要素が多い月で、御祈禱を希望される方も多いです。

神社の一日は「清浄《しょうじょう》」からはじまります。

毎朝五時、神職による清掃、朝の神事日供祭《にっくさい》※12の準備をし開門のときを迎えます。開門してほどなくして日供祭が行われます。

神様の一日も人間と同じく朝食から始まり、朝食を捧げて、一日の平和と参拝される方々に神様の御力添えをいただけるようにお祈りします。朝の神事からはじまる繰り返し紡がれた時代と歴史の証を感じる時間です。少し乱暴な言い方ですが、休みのない神様同様に神社は年中無休で務めに励んでいるのです。

※12 日供祭 ご神前にてその日一日の無事息災などをお祈りするお祭り。別名「朝拝（ちょうはい）」ともいう

※13 糺の森財団 史跡糺の森を保存管理するため、明治時代の中ごろ「下鴨神社神苑保存会」が設立され、その後「糺の森保勝会」「財団法人糺の森顕彰会」へと発展。平成二一（二〇〇九）年に内閣府より公益法人の認定を受け、「公益財団法人世界遺産賀茂御祖神社境内糺の森保存会（略称：糺の森財団）」として世界遺産「糺の森」の自然環境の保護と賀茂御祖神社の有する記念物および建造物の保全の啓

また祭事ではありませんが、毎年、四月の昭和の日に、人が集まる催事として糺《ただす》の森財団[※13]主催で「糺の森市民植樹祭[※14]」が平成三（一九九一）年から、開催されています。

糺の森は一四〇ページなどで紹介しているように、下鴨神社境内《けいだい》に広がる鎮守《ちんじゅ》の森であり、古代・山背原野の樹林を構成していた樹種が自生。樹齢六〇〇年から二〇〇年の樹木が約六〇〇本にも数えられ、森林生態学、環境学などの学術分野からも貴重な森とされています。

「森は時間の蓄積」という言葉がありますが、苗木を植えたからといってすぐに大きくは育ちません。しかしだからこそ、この糺の森を次代へつなげていくために、ケヤキ、ムクノキ、エノキ、カツラ、モミジの苗木や成木を毎年植樹するのです。最近はＳＤＧｓ[※15]という言葉をよく耳にするようになりましたが、こういう言葉が生まれる以前から、下鴨神社をはじめ、多くの神社では「守り、つなげていく」活動をし

蒙活動を行っている。会員（年会費個人会員ひと口三〇〇〇円）になって活動を支援できる

※14　糺の森市民植樹祭　樹種をケヤキ、ムクノキ、エノキ、カツラ、モミジから選び、成木は一本一五万円から五〇万円で苗木は一本一〇〇〇円で献木できる

※15　SDGs　(Sustainable Development Goals)「持続可能な開発目標」を意味する英語の頭文字をとって「エスディージーズ」。二〇一五年、国連総会にて、持続可能な開発のために必要不可欠な向こう一五年間の新たな行動計画が採択され、持続可能な開発目標が具体化された

ているのです。

なお、糺の森財団は下鴨神社とは別組織のものですが、このように神社主催ではなく、境内の馬場を利用して古本市や蚤《のみ》の市（フリーマーケット）なども随時開催され、自然のなかで人と人がつながる、ご縁が生まれる場にもなっています。

❖四月の下鴨神社のそのほかの神事・祭事

四月一日　**雑太社例祭**〔末社のまつり〕
四月一四日　**二十二所社例祭**〔摂社のまつり〕

五月　皐月《さつき》

二十四節気
立夏《りっか》（五月五日）
小満《しょうまん》（五月二〇日）

❖賀茂祭（葵祭）❖御蔭祭

賀茂祭（葵祭）をあらためて紹介すると、毎年五月一五日に斎行される下鴨神社、上賀茂神社の例祭です。天皇陛下のお使いである勅使を迎える勅祭であり、石清水八幡宮《いわしみずはちまんぐう》の石清水祭、春日大社の春日祭と合わせて三勅祭といわれます。また、八坂神社の祇園祭と平安神宮の時代祭と合わせて京都三大祭とも呼ばれています。

起源などについては二七ページをご参照ください。

賀茂祭が葵祭とも呼ばれるのは、お祭り当日に神前に葵をお供えし、お祭りに関わる人が葵を身につけるからで、平安時代の装束を身にまとった行列が御所から下鴨、そして上賀茂神社に向から「路頭の儀」は一キロにも及び、平安絵巻物そのものです。

賀茂祭が官の祭、そしてその三日前の五月一二日に斎行される御蔭《みかげ》祭がカモ氏、氏子のための祭で、御蔭祭・御生《みあれ》神事で神様が新しいいのちを授かられるということも既述していますが、その当日一二日に行われる東游《あずまあそび》※16、それからやはり、賀茂祭（葵祭）の前儀として五月三日に行われる流鏑馬《やぶさめ》※17、翌日の四日に斎行され

流鏑馬（右）、斎王代禊の儀（左）

※16　東游
神を讃えるための舞楽のこと

※17　流鏑馬
流鏑馬はもともとは騎射（きしゃ）と呼ばれ、馬を走らせながら的を射る弓技のことで、下鴨神社でも長く騎射と読んでいた。流鏑馬は全国各地で行われるが、武家ではなく公家風の装束を身につけて王朝風の所作で行われるのは、下鴨神社が全国で唯一。『続日本紀（しょくにほんぎ）』に文武（もんむ）天皇二（六九八）年に流鏑馬に大勢の人が集まり過ぎるため禁止令が出されたという記述があり、それほど全国から人が集ったことがうかがえる

る斎王代禊の儀、五日に行われる歩射《ぶしゃ》神事など、神事がたくさんあり「葵祭」というパンフレットができるほどです。

❖五月の下鴨神社のそのほかの神事・祭事

立夏の日　**更衣祭（秘儀）**
五月一二日　**賀茂波爾神社例祭**〔摂社のまつり〕
五月一四日　**供御人行列・鮒《ふな》奉献**
葵祭の前日、大津市堅田から行列を仕立てて供御人が神前のお供えの鮒や鮒ずしを届けます。堅田は平安時代から毎朝のお供えの調達所で今もその伝統をつないでいます。
五月　**献花祭、献茶祭、煎茶献茶祭**
日付は不定ですが、これらも賀茂祭の一連の祭事として斎行されています。

六月　水無月《みなづき》

二十四節気
芒種《ぼうしゅ》（六月五日）
夏至（六月二一日）

❖氷室《ひむろ》開き神事※18　❖蛍火の茶会

暑い時季、氷、かき氷は体を芯から冷やしてくれます。下鴨神社境内にある御茶処「さるや」でも、かき氷がいただけます。

昨今はフルーツをたっぷり乗せたり、ボリュームのあるものも出てきて、かき氷ブームのようですが、じつはこちらの氷は伝統にのっとったものです。

六月一日は「氷の節句」「氷の朔日《ついたち》」と呼ばれます。

古く宮中ではこの日に「氷室《ひむろ》の節会《せちえ》」が行われ、冬に蓄えられた氷

※18　氷室
下鴨神社の氷室は境内の「葵の庭」に設置され、午前九時～午後四時に公開されている。拝観料が必要

が宮中に奉納されていました。冷たい氷を食べて穢《けが》れを祓い、夏の暑い時期を健康で乗り越えようということです（ちなみに水無月[※19]というお菓子がありますが、これはかつて庶民はなかなか夏に氷を口にすることができなかったので、氷に見立ててつくられるようになった六月のお菓子です）。

下鴨神社には冬の新鮮な雪を夏まで保存しておく「氷室」があり、京の真夏の伝統行事、下鴨神社氷室神事は、氷の朔日とも呼ばれ、氷を宮中へ献上したり、無病息災を祈願し、氷を口にしてお祓いをしていたのです。ただし戦時中だった昭和一九（一九四四）年に防空壕《ごう》に改造され、戦後は土で埋められてしまいました。

その後、伝統継承の目的で長く途絶えていた「氷室」を再興し、令和四（二〇二二）年から「氷室開き神事」が斎行されるようになっています。

※19　水無月
白い外郎（ういろう）生地に小豆をのせ、三角形に包丁を入れられた和菓子。水無月の上部にある小豆は邪気払いの意味があり、三角の形は暑気を払う氷室の氷片を表しているといわれる

「さるや」では、古事にならい、暑い夏を平穏無事にお過ごし願いたいいと、初雪のような純白の氷をかき、「鴨の氷室の氷」と名づけ、氷室開き神事が再興された日からお出ししています。

盃に　散れや糺の　とぶほたる

これは小林一茶[※20]の句です。

寛政四（一七九二）年に、一茶が三〇歳のときに下鴨神社を訪れた際に詠《よ》んだもの。糺の森を流れる泉川のほとりの茶店で盃を傾けて涼んでいると、蛍が乱舞している……そんな情景が思い浮かびます。かつては蛍が顔に当たってくるほどだったという話も残っています。蛍は清流にしか生息しないので、清涼で豊富な水が湧く糺の森はさまざまないのちを育む環境であったことがわかります。

※20　小林一茶
（一七六三—一八二八）松尾芭蕉（まつおばしょう）、与謝蕪村（よさぶそん）と並ぶ江戸時代を代表する俳諧師（はいかいし）のひとり。弱いものに寄り添った素朴で親しみやすい句が多い

しかし明治四（一八七一）年の社寺上知令《あげちれい》※21により糺の森を含む境内の多くが上知の対象となり環境が変化。大正時代には泉川の上流に農業廃水が流れこむようになり、その後、大正時代の高野川の護岸工事の影響などで小川の水量も減少しました。戦後も急激な都市化が進んだこともあり、蛍の姿は見られなくなっていたのですが、前々項でご紹介した糺の森財団や氏子の皆さんの保全、清掃活動もあり、蛍が戻ってくるようになりました。

そして平成三（一九九一）年から約一〇〇年ぶりに「蛍火の茶会」が復活しています。六月の吉日を選んで催されるもので、雅楽、奉告祭、箏曲《そうきょく》、十二単《じゅうにひとえ》と小袿《こうちぎ》※22姿の王朝女人の雅楽舞、箏曲、十二単の着付と王朝舞、そして茶席と続きます。茶席には招待券が必要ですが、この日も含め、蛍が自由に鑑賞できます（楼門は閉門されますのでその内側には入れませんが糺の森への出入りは自由です）。

※21　上知令
「上知」とは領地没収のこと。明治四（一八七一）年と明治八（一八七五）年、明治政府は上知令を発布し、社寺が持っていた広大な領地のうち、境内を除く多くの土地を召し上げた。これにより多くの大きな寺社の敷地が五分の一から一〇分の一へと縮小した

※22　小袿
高位の宮廷女性のきもの

❖六月の下鴨神社のそのほかの神事・祭事

六月六日　**紀州梅[※23]奉納奉告祭**

紀州薬師梅と下鴨神社の縁は深く、室町時代の天文一四（一五四五）年に青梅が奉られました。紀州からは毎年六月六日の「梅の日」に青梅が奉納されています。

※23 梅
梅には災いや疫病を退け福を招く力があるとされ、京都では正月に梅干しを入れたお茶「大福茶」を飲む慣わしがある

七月　文月《ふみつき》

二十四節気
小暑（七月六日）
大暑（七月二二日）

みたらし祭

七月のよく知られた行事といえば五節句[※24]のひとつ「七夕[※25]」でしょうか。

七月七日の夜、織姫と彦星は待ちに待った「再会」という願いを叶えます。「ふたりのように、願いごとが叶う」ように短冊にさまざまな願いごとを書いて、笹や竹の葉に飾ります。保育園や幼稚園などで子供たちが七夕飾りを楽しむ姿を見かけますが、冬でも緑を保ちまっすぐ育つ生命力あふれる笹や竹には、昔から不思議な力があるとされ

※24　五節句
一月七日の人日（じんじつ）、三月三日の上巳（じょうし）、五月五日の端午（たんご）、七月七日の七夕（たなばた）、九月九日の重陽（ちょうよう）のこと

※25　七夕
唐の時代の中国から伝わった「乞巧奠（きっこうでん）」（七夕の日に織姫にあやかって織物の技や裁縫の上達を願ったお祭り）が宮中にも取り入られたのがきっかけとされる。下鴨神社ではこの時季、星をかたどった四季のお守りなどを授与

てきました。もともとは七夕のお祭りのあと、竹や笹を川や海に飾りごと流す風習があり、川に流すことで、竹や笹についた穢《けが》れをもっていってもらうという意味もあるようです。

もともと川は穢れを祓うところであるわけですが、下鴨神社の摂社、井上社※26（御手洗社）の御手洗《みたらし》池、御手洗川で七月、土用の丑《うし》の日をはさみ一〇日間にわたって行われる「みたらし祭（足つけ神事）」は、京都の夏の風物詩になっています。みたらし祭について、新木直人宮司のブログを引用させていただきましょう。

明治天皇御製　鴨の御手洗川
日でりにも　かれずとぞ聞く　神がきの
みたらし川は　ほそくみゆれど

嘉永七年（１８５４）四月六日（安政に改元の年）、洛中に大火が

※26　井上社
御祭神は人の罪や穢れを大海原へ流すお祓いの神様「瀬織津姫命（せおりつひめのみこと）」。みたらし祭ではこの神様のお社まで裸足で御手洗池のなかを進み、ご神前にローソクをお供えし、さらにご神水をいただくことで、心身ともに清らかになり、一年の無病息災を祈る

あり宮中にも回禄（類焼）しました。こうしたとき、古くからの例にならって、孝明天皇をはじめ祐宮（のちの明治天皇）や皇族方、公卿は一時的に当神社をご避難の仮御所とされていました。

この御製は、後に（慶応四、明治二、明治十）、行幸親拝されたとき、仮御所にてご滞在中を思いおこされての御歌と伝えられています。仮の御安在所となったのは、神服殿（当時は御服所）で、このような時のほか、親拝行幸、行啓御幸などのせつ仮御所となる由緒の社殿です。

祐宮睦仁親王の仮の行在所となったのは、御本宮西方の細殿でした。その前を流れるのが御手洗川です。東側、南側は、桔梗の花の庭になっており、北側が土用の丑の日に御手洗祭の足つけ神事や立秋の前夜の夏越神事のとき裸男が御手洗の池に飛び込む勇壮な矢取りの神事がおこなわれる井戸の上の神さん井上神社の池です。その流れが御手洗川です。東岸には桜、西岸には、梅があり洛中洛外《らくちゅうらくがい》※27の名物となっています。

　御滞在中は、毎日、この景観を御楽しみになられたと思われます。まだ、御手洗川のほとりに咲きほこる卯の花やお庭の桔梗の季節には、少々早い時期でしたが、それだけに御手洗川に伝わる伝承や故事をたくさんお聴きになったことと思われます。その一つがお詠みになられた「日でりにも　かれずとぞ聞く」との歌詞です。

　御手洗川の常は、細々とした流れですが、土用の丑の日が近づくとたちまち、湧き水が盛んとなり下流の田畑をうるおし、人々の生活を豊かにする、涸《か》れることのない、と里人は伝えています。

　また、この日に御供えするのは、池の底から湧き出る水泡を形とった団子をいただき疫病にかからないよう、夏やせにあわないようと数々のお願いごとを念じていただくのがみたらし団子です。

※27　洛中洛外
京都市中心部とその周辺を示す言葉で、中心部を洛中、その周辺を洛外という。洛外は「洛北」「洛東」「洛南」「洛西」に分かれる

本年（二〇二〇年）はコロナウイルス禍の影響により、足つけ神事と裸男の矢取りの神事を取り止めることといたしました。しかし無病息災と疫病終熄への祈りは続きます。御手洗川の涸れぬ流れのごとく。

（二〇二〇年七月一五日付）

この足つけ神事（みたらし祭）はもともとは平安貴族が穢れを足をつけて祓ったことが起源です。下鴨神社は皇室や貴族、そして氏子のための神社でしたが、少なくとも江戸時代には「御手洗会」「御手洗詣」といってたくさんの人が参詣しました。

下鴨神社のあるあたりは今でこそ京都市のなかでも高級住宅地となっていますが、洛中ではなく洛外ですので、たとえば軽井沢が避暑地であるように、涼を求めて人が訪れる地であったわけです。延宝五（一六七七）年の『出来斎京土産《できさいきょうみやげ》』には御手洗川の水は清く澄んでいるだけでなく冷たくて氷にも遠からずとあります。冷たすぎて冷やしていたスイカが割れたという逸話も残っているのですが、今もこの冷たさは変わらないようで、裸足になって足を水につけた瞬間、ほんとうにキリッと身が引き締まります。

みたらし祭り

❖七月の下鴨神社のそのほかの神事・祭事

七月四日　**賀茂斎院歴代斎王神霊社例祭**〔末社のまつり〕
七月七日　**河崎社例祭**〔末社のまつり〕
七月一〇日　**稲荷社・愛宕社例祭**〔末社のまつり〕

八月 葉月《はづき》

二十四節気
立秋（八月七日）
処暑（八月二二日）

夏越《なごしの》神事

下鴨神社の夏越神事[※28]は毎年、立秋の前夜、御手洗池で斎行されます。池の真ん中に五〇本の斎串《いぐし》を立てて、厄除けの人形《ひとがた》や車形が投げ込まれるなか、裸の男たちが一斉に飛び込み、斎串《いぐし》を奪い合う勇壮なお祭りです。御祭神の玉依媛命《たまよりひめのみこと》が、川遊びで一本の矢を持ち帰ったところご懐妊され上賀茂神社の祭神・賀《か》茂《も》別雷神《わけいかづちのみこと》を宿されたという故事にちなむ神事。斎串を矢に見立てたことから「矢取神事」とも呼ばれ、この斎串を取った人は一年の災厄が祓われます。

※28 **夏越神事**
半年の罪や穢れを祓う神事で多くの神社では六月の晦日（みそか）（三〇日）に行われているが、下鴨神社では八月

流れゆく　形代の名の　をみなかな

高浜虚子[※29]がこの矢取神事を詠んだ句です。

祭りの最中、裸男が御手洗池の五○本の斎串に向かって飛び込んだ瞬間、神職が裸男めがけて蒔《ま》いた御祓の人形に知りあいの女友達の名が記されているのが、やがて御手洗川の流れにのっていく情景を詠んだものだと思われます。

夏越神事（矢取神事）

※29　高浜虚子
（一八七四～一九五九年）明治・大正・昭和の日本の俳人・小説家。愛媛県松山市生まれで、正岡子規に師事し、俳句をはじめ、句誌『ホトトギス』を受け継ぐ

また、虚子は、

神前に　真近く出来し　茅《ち》の輪かな

という句も詠んでいます。

茅の輪の歴史は、古く『備後国風土記』逸文にその説話がすでに述べられています。しかし、厄払いとして民間に広まったのは、むしろ近世になってからではなかったかと思われます。下鴨神社の場合は明治維新になって神社の制度が大きく変革するなかで、祭事、神事も変わり、そのひとつがこの茅の輪くぐり※30の信仰のはじまりで、当時の氏《うじ》人《びと》の日記をみると、そのころ、社頭に茅の輪を設けていた神社は二社だけで、お寺さんのほうがむしろ多かったようで、神社のうちの一社につくり方などを習ったと書かれています。

※30　茅の輪くぐり
茅の輪とは笹の葉を建てて注連縄（しめなわ）を張った結界内に茅で編んだ直径数mほどの輪。正面からまずは左回り、次に右回り・左回りと8の字を描いて計三回くぐることで、半年間に溜まった病と穢れを落とし残りの半年を無事に過ごせることを願うもの

下鴨神社は、人形と斎串による解除、御祓いの神事が中心でした。明治以降の神社制度が変わるなかで、新しく取り入れるものは取り入れ、それでいて守るべきものは守る、あるいは失ったものを再興する努力を続けています。

❖八月の下鴨神社のそのほかの神事・祭事

八月一日　**霊璽社祭**〔摂社のまつり〕

八月中旬　**古本まつり**

九月　長月《ながつき》

二十四節気
白露（九月七日）
秋分（九月二二日）

❖名月管絃祭

古代、朝廷より下鴨神社へ神様の御霊の田「御戸代《みとしろ》」として田地が奉納され、平安時代には五穀豊穣《ごこくほうじょう》、天下泰平を祈願し、雅楽や神楽《かぐら》など芸能が奉納される「御戸代会《みとしろえ》」の祭儀が行われていました。この流れをくんだ神事、そしてその後、管絃の調べを聴きながら中秋の名月※31を観賞するのが「名月管絃祭」です。

この名月管絃祭についても新木直人宮司がブログに記しています。

※31　**中秋の名月**　旧暦の八月一五日に見える月（十五夜の月）を中秋の名月といい、一年でもっとも美しい月とされている

昨日まであぶら汗を滲ませていたのに、今日は、わずか秋の匂いを肌に感じる気のながれにさわやかな思いです。

と、している間に名月管絃祭の季節到来です。よくお尋ねのあるうちの一つに、「何で、名月です。普通、明月、と書くのではありませんか」と。たしかに、「名月」「明月」両方つかわれています。

広辞苑をみると、「名月」は、旧暦の八月十五夜のお月さん。旧暦の九月十三夜のお月さんも云う、とあります。「明月」のほうは、澄みわたったお月さんのこと。とあります。また「名月」と同じ、とも記されています。それなら、どちらを書いてもよい。同じこと。と、いう意味でしょう。学者先生に訊くと、陰暦の八月と九月は、古

御戸代会の流れをくんだ神事

代の天文や暦の説をならべて、延々と論じられますが、何人の方が理解されていましょうか。広辞苑にあるよう「どちらを書いてもよい。同じこと。」が、よいのではないかと思います。

ただ、下鴨神社では、文字も言葉も数字も神さんとしてお祀りしている古代からの神社―言社《ことしゃ》という御社があります。ですから、文字や言葉、数字には、常にその大きなお力を讃えています。

昔のまま「名月管絃祭」と称しています。むしろ「名月」という文字よりも旧暦の「八月十五日」という日を重視しています。

暦に雑節《ざっせつ》という日本の気候にあわせた季節の標

名月管絃祭

記が記されていますが、一年を四つの土用に分けるなど、一年の季節の巡りを月日という数字にあわせてた日に意味があり、現れたその日が御祭をする日でした。一年という季節の時計が一目もり進む日で新しい日々のため無事息災をお祈りする御祓い神事の御祭の日でした。

（二〇一六年九月五日付）

❖九月の下鴨神社のそのほかの神事・祭事

九月九日　**結納祭**

九月九日　**三井社（三塚社）例祭**〔末社のまつり〕

九月下旬　**印章祈願祭**

下鴨神社内に印璽社《いんじ》※32があります。毎年、一〇月一日「印章の日」を記念して九月の最終日曜日に開催。古印章（役目を終えた古い印章を本殿にてご祈禱）。全国から集まった古印章は印納社にて埋納式が執り行われお社に納められます。

※32　印璽社

本殿間近に祀られている。印とは、しるし、印形のこと。古くより印は宮廷や社寺において貴重な存在として扱われ、それが次第に神格化されていった。現在では、契約の神として、大切な契約のとき、物ごとを成功裏に結び付けたいときなどに参拝されている

一〇月 神無月《かんなづき》

二十四節気
寒露（一〇月八日）
霜降（一〇月二三日）

❖崇敬者大会《すうけいしゃ》（えと祈願祭）

三一ページでも紹介しているように下鴨神社には本殿前に「言社《ことしゃ》」がありますす。大国さま（大国主命《おおくにぬしのみこと》）がもつ七つの呼び名には異なる役割や神徳《しんとく》があるという信仰があり、下鴨神社ではその呼び名をそれぞれ干支《えと》の守り神として祀っています。ですから何人か連れだって言社にお参りしたときは「私はこちら、あなたの干支神はあちらね」とほとんど同じ場所で各々の干支神様に手を合わせることができます。

言社の祭礼が「えと祈願祭」。実りの秋に五穀豊穣と商売繁盛を祈願するものです。ちなみに言社の祠《ほこら》の大きさが五合《ごごう》で、一升の半分、つまり「はんじょう」ということから「繁昌（繁盛）」につながるのだという人もいるようです。「えと祈願祭」は毎年一〇月の第三日曜日に開かれ、この日はまず本殿前にある中門近くで祝詞奏上などの神事が行われ、その次に舞殿《まいどの》[※33]で舞楽・邦楽などの伝統芸能が奉納されます。

そしてこのお祭りは「崇敬者大会」でもあります。崇敬者とは地域に住む氏子ではないけれど、何かしらのご縁、きっかけでその神社の神様を信仰し、その神社と関わりをもつ人のことです。下鴨神社にも「世界遺産下鴨神社崇敬会[※34]」があり、国内だけでなく海外にも会員の方がたくさんおられます。

このえと祈願祭（崇敬者大会）はこういった下鴨神社に関わる方々への感謝の集いであり、崇敬者の皆さんの交流の場といった意味合いももっています。祈願祭ではおでん・みたらし団子・神酒・福くじな

※33　舞殿　寛永五（一六二八）年に造営され、国の重要文化財に指定されている舞殿では葵祭の際に天皇の勅使が紅色の御祭文（ごさいもん）を奏上され東游が奉納される

※34　下鴨神社　崇敬会　下鴨神社の諸祭事や伝統行事の保存と継承、国宝や重要文化財の社殿の修復、史跡・糺の森の保全などで、下鴨神社に継承される文化と文化財を次代へ受け伝えていくため、奉賛の基盤を築くことを目的とした団体。全国にわたる崇敬者への情報発信とさらなる連繋を目指し令和三（二〇二一）年七月一日に一般財団法人化。個人正会員は年会費二〇〇〇円

どがセットになった奉賛券などが領布されます。また手づくり市や模擬店などもあり、糺の森の馬場ではタグラグビー[※35]大会も開催されます。干支守も授与されます。地域の神社の秋祭りを大きくしたようなものともいえるでしょうか？

なお、住んでいる地域の氏子としての活動をしながら、別の地域の神社を崇敬しても問題はありません。また大都市などでその地域の氏神様とのつながりが希薄という方は、自分が崇敬する神社の崇敬会に入って、その神社とのつながりのなかで自分の信仰を深めていくことができるのです。

❖一〇月の下鴨神社のそのほかの神事・祭事

一〇月一四日　**出雲井於社例祭**〔摂社のまつり〕
一〇月一七日　**神嘗《かんなめ》祭奉祝祭**
一〇月二三日　**賀茂波爾神社霜降祭**〔摂社のまつり〕

※35　タグラグビー
ラグビー同様、楕円形のボールを使うスポーツ。腰に付けた二本のひらひらしたタグを、お互いに取ったり取られたりしながらゴールを目指すもの

一一月　霜月《しもつき》

二十四節気
立冬（一一月七日）
小雪（一一月二二日）

❖お火焚《ひたき》祭❖新嘗祭

御火焚や　霜うつくしき　京の町

与謝蕪村[※36]の句ですが御火焚は俳句の冬の季語になっています。京都では一一月の後半になると「お火焚き」と呼ばれる神事が多くの神社で行われます。これは秋の実りに感謝し、厄除けを祈願するもの。宮中行事である新嘗祭《にいなめさい》に由来するとも、旧暦では冬至が正月のはじまりだったので、一二月、冬至に向け、これまでの穢れを祓うため

※36　与謝蕪村　（一七一六～一七八四）江戸時代中期の日本の俳人、文人画家

であるとも、よみがえりの神事ともいわれます。各神社によってさまざま神事がありますが、願いを書き入れた護摩木《ごまぎ》（火焚串）などが焚き上げられ、炎と煙が立ち上る様子は圧巻です。

下鴨神社では一一月二八日に摂社、比良木社お火焚祭が行われます。下鴨の土地の神様である出雲井於神社《いずもいのへのかみやしろ》（比良木社）の前でお焚き上げが行われ、神前に紅白の饅頭や新米でつくったおこしとみかんを供え、祝詞や神楽をあげて神意をお慰めします。

なお、おさがりのみかんを焚き火で焼いて食べると、風邪を引かないといわれています。

一一月二三日の新嘗祭は、宮中と全国の神社で行われる「収穫祭」。起源は稲作がはじまった弥生時代にまでさかのぼれるといわれています。天皇陛下がその年に収穫された新穀などを天神地祇《てんじんちぎ》※37に供えて感謝

※37　**天神地祇**
天の神、地の神、すべての神様のこと

の奉告を行い、これらの供え物を神からの賜りものとして自らも食する儀式。同日に全国の神社でも行われます。

❖一一月の下鴨神社のそのほかの神事・祭事

一一月三日　**明治祭**
立冬の日　**更衣祭**
一一月一五日　**河合社例祭**〔摂社のまつり〕
一一月一五日　**任部社・六社例祭**〔河合社末社のまつり〕
一一月一五日　**七五三詣**
一一月一七日　**賀茂波爾神社火焚祭**〔摂社のまつり〕

一二月　師走《しわす》

二十四節気
大雪（一二月七日）
冬至（一二月二一日）

❖御薬酒神事

一二月一二日に斎行される「御薬酒神事」は古代から伝わる伝統祭事。かつては宮中から屠蘇《とそ》の原料が届き、糺の森に自生する山椒《さんしょう》の実などを採り、平安のころから伝わる白散《びゃくさん》を調合して薬種《やくしゅ》にして宮中に献上していました。明治初年の祭儀改正もあり、また今は薬事法による規制などもあり、神社で薬を調合することはできなくなりましたが、御薬酒神事はすでに調達された屠蘇を用いて斎行、神様の台所と呼ばれる大炊殿《おおいどの》（国の重要文化財）内で神事が行われ、屠蘇を神前にお供えします。この屠蘇が一般の方にも分けられ、これを元旦にお神酒にひたし、新しい一年の無病息災を祈るものです。

　また、この御薬酒神事と同じときに、元旦の若水神事に供える御水を井戸からくみ上げる神事も行われます。大炊殿の前庭で、井戸からくみ上げた清水を神聖な岩の上に置かれた木の桶に供える神事です。この井戸も国の重要文化財に指定されています。重要文化財の井戸から水をくみ上げるというのも全国にほとんど例がないものです。豆腐屋さんや料理屋さん、お菓子屋さんなど水にまつわる商売の方がお参りに来られ、この御水をいただいて、お正月準備に取りかかられるわけです（下鴨神社が京都の食文化の一翼を担っているともいえるわけですね）。

　昨今はタイムパフォーマンス、タイパという言葉が流行り、いかに効率よく時間を活用するか、時短ばかりが評価される時代ですが、それでもやはり時間をかけて丁寧にということも大切です。

師走はさらにいつもにも増して慌ただしくなり、お正月準備もクリスマスが終わり年末ぎりぎりになってからはじめるという方も多いでしょうが、神社との関わりのなかで、一つひとつに意味があるということを感じていってもらえればと思います。

❖一二月の下鴨神社のそのほかの神事・祭事

一二月一日　**権九郎稲荷社例祭**〔賀茂波爾神社末社のまつり〕
一二月一三日　**相生社**《あいおいのやしろ》**例祭**〔末社のまつり〕
一二月三一日　**大祓・除夜祭**

コラム5

下鴨さんと湯川秀樹博士

京都にある「哲学の道」。この道は銀閣寺と南禅寺（より正確にいえば若王子神社）の間を結ぶ約二キロに渡る疎水沿いの散歩道ですが、二〇世紀初頭の哲学者である西田幾多郎《にしだきたろう》京都帝国大学教授が、毎朝ここを歩いて思索に耽《ふけ》っていたので、この名がついたのです。

『純粋理性批判』を書いた哲学者カントも毎日の散歩が日課だったといいますし、哲学者にかぎらず、楽聖ベートーベンもウィーンの森を散策することを日課にしていたといいます。そして『種の起源』で進化論を唱えたダーウィンも散歩好きでした。哲学者、科学者、文学者、作曲家、画家……名を成した方はただ机に向かうのではなく、自然に触れることを好んだようです。

五二ページでも述べましたが、湯川秀樹博士のお気に入りは下鴨神社の糺の森でした。散策するだけでなく、ときには寝そべったりもされたりしたほどだったようで、ノーベル物理学賞を受賞したあとの『京都新聞』のインタビュー記事に掲載された写真も、糺の森で樹々を背景にしたものでした。宗教と科学は一見、正反対の立ち位置にあるように思われますが、人間の力の及ばないSomething Greatの存在を認めるということで、両者には共鳴、共通するものがあるのでしょう。

京都国際会館前には「世界は一つ」という石

碑があります。

これは湯川秀樹博士の揮毫《きごう》で、まさに平和を願うものです。湯川秀樹博士は戦後、世界的物理学者のアインシュタインとともに「世界連邦」構想を進めました。これはアインシュタインが自分の研究で生まれたものが原子爆弾という科学兵器になり、多くの尊いいのちを奪うことになったことへの贖罪《しょくざい》の思いからはじまったことです。この考えはまさに糺の森の〈罪や穢れを糺す〉にもつながっているのです。

下の写真は湯川秀樹博士の書で「一日生きることは　一歩進むことでありたい」。この書は下鴨小学校に飾られています。生きることを大切にする、そして日々、新しくなる「御生《みあれ》」にも通じる言葉です。

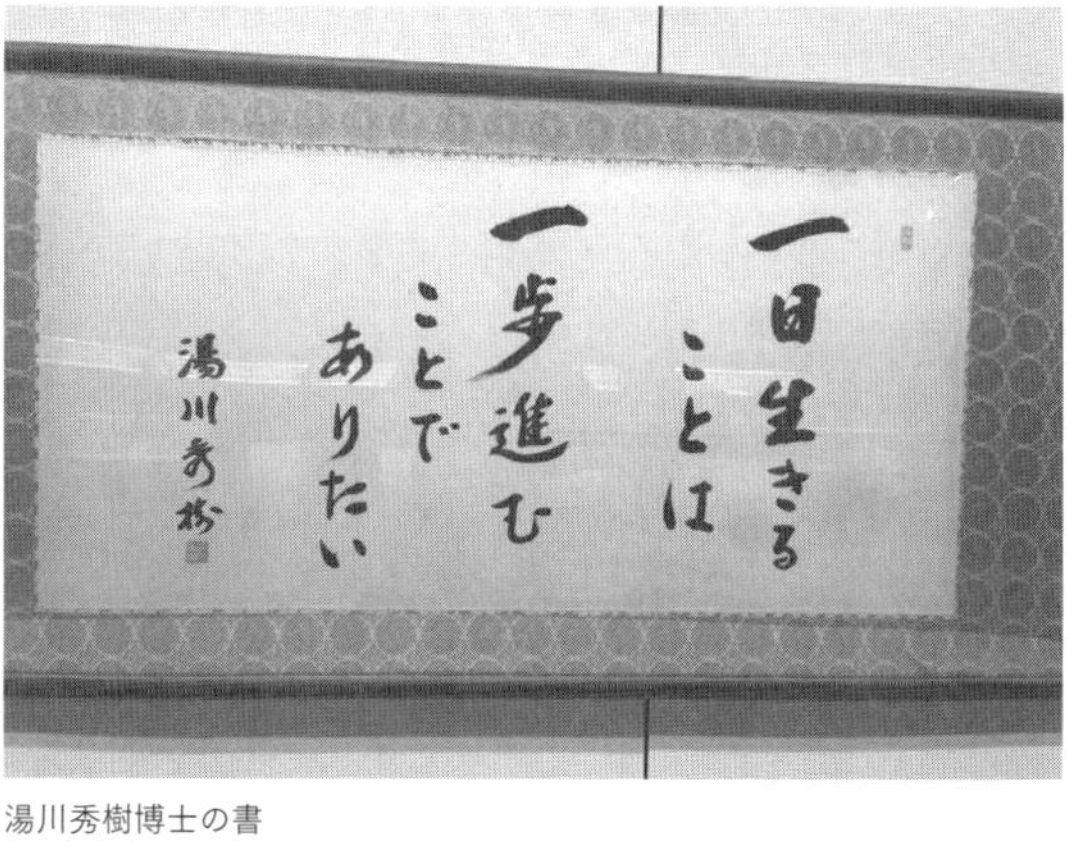

湯川秀樹博士の書

あとがき

この書籍をつくるとのお話をうかがったときに、「なぜ、自分が？」というのが率直な感想でした。

確かに六年ほど、地元の大学で非常勤ですがお世話になりました。しかしながらそのときの講義は、大して面白いこともないし、特別なことをやっているわけでもありません。

講義の中では、とにかく自分の目でおまつりをみる、または普段の姿の神社仏閣をみるというのが大切ということは言っておりました。

また、おまつりはいきものであるから、毎年、管見《かんけん》することで変化を感じ、さらに変化させずに継承していこうという姿も垣間見ることができ、その地域の人々の祈りの世界がみえるという話をしました。

鎮座する地域の風土や祭祀組織により、祈りの世界の姿は形を変え、「地域性」を知ることができると考えています。

口で言うのは容易《たやす》いですが、何年も当該地域に訪れ、あらゆる視点から祈りをみるのは大変難儀な研究であると思います。

なので、神社や神話の話を〝総じて〟という話をいただいた際には、それは絶対無理だと申上げました。すべてをみている訳ではないし、苦手とする時代考証もあり、奉職させていただいている下鴨神社なら、僅かですが述べることができるとお伝えしましたところ、暑い日や寒い日、雨や雪の日など編集の蒲田さんが当社に訪ねていただき、いろいろとまとまっていない考えを伝えさせていただきました。

最近、各所から監修をとのお話をいただきますが、改めて、考察を繰り返していると、ここはどうやったかな？　こんな史料あったっけ？　とか疑問だらけとなり、この本の内容でも「？？？」ばかりとなりました。改めて確認というのは大変な話で、困ったときに辞書をひいても出てこないし、もちろん、インターネットでも出てこない。そのため、校倉《あぜくら》や御文庫に所蔵されている古文書を読み直すという作業の繰り返しの日々です。

よく、下鴨神社は二十二社、一宮など大社であるからという前提で調査される研究者の方がおられますが、小生が目を通す史料は、当時の社家や氏人、神人の人々の普段の様相に目がいきますので、下鴨村のお宮さんという姿が今、頭の中にあります。

例えば、本文の中でも紹介していただいている比良木社（出雲井於神社）は、まさしく下鴨村の鎮守の神様という扱いであったことがわかります。御本殿に向け柏手を打ったあと、比良木さんに必ずお参りする。自分の誕生日には感謝のため、参詣する風習や講が組織されていた時代もありました。しかし、その姿は消えつつあります。式年遷宮をきっかけに神社、総代さんや氏子さんのなかで、比良木さんの御火焚祭を以前の姿に戻すための活動が行われています。

一方では勅祭の賀茂祭、存在意義といってもよい御蔭祭、地域の神様のおまつりの御火焚祭など、一社のなかには様々な人々が祈り、神様に感謝するおまつりが執り行われています。本書は下鴨神社のみですが、読んでいただいている皆様の地元・ゆかりの深い地域にあるお宮さんは、どのような神様で、どんなおまつりがあるのか、どのような歴史を経てきたのかを知っていただくきっかけとなればと思います。

文末となりますが、編集のワードスプリングの蒲田正樹様に御礼申し上げます。

令和六（二〇二四）年　初霜月

新木直安

新木直安（あらき・なおおき）

昭和50年生まれ。京都市内の中学校、高校を卒業後、國學院大學に進み宗教学（宗教民俗学）を学び、博士号を取得。現在は下鴨神社の祝《はふり》、下鴨神社京都学問所研究員として、下鴨神社の専門研究や所蔵史料の保全に取り組んでいる。また、鴨社資料館秀穂舎など神社内の資料館館長として、氏子の人たちをはじめ、崇敬者や参拝者にわかりやすく下鴨神社の魅力を伝えている

京都でもっとも古い世界遺産の神社

下鴨さんから聞いた
神社・神話の大切なおはなし

発行日　2024年10月30日　初版第１刷発行

監修者　新木直安
発行者　秋尾弘史
発行所　株式会社育鵬社
〒105-0022 東京都港区海岸1-2-20 汐留ビルディング
電話 03-5843-8395（編集）
http://www.ikuhosha.co.jp/

株式会社扶桑社
〒105-8070 東京都港区海岸1-2-20 汐留ビルディング
電話 03-5843-8143（メールセンター）
発　売　株式会社扶桑社
〒105-8070 東京都港区海岸1-2-20 汐留ビルディング
（電話番号は同上）

編集協力　株式会社ワードスプリング
DTP制作　株式会社ビュロー平林
印刷・製本　サンケイ総合印刷株式会社

定価はカバーに表示してあります。

Printed in Japan ISBN 978-4-594-09044-9

本書のご感想を育鵬社宛にお手紙、Eメールでお寄せください。